초등학생의 영어 친구

그래머버디
GRAMMAR BUDDY

1

KB124622

그래머버디 1

지은이	NE능률 영어교육연구소
연구원	한정은, 이설미, 장민아, 박효빈
영문 교열	Lewis Hugh Hosie, Peter Morton, MyAn Le
디자인	장현정, 김연주
내지 일러스트	이지원, 강주연, 마이신, 유경민, 류미선, 바나나비
내지 사진	www.shutterstock.com
맥편집	이정화

Let's grow together

NE능률이
미래를
창조합니다.

건강한 배움의 고객가치를 제공하겠다는 꿈을 실현하기 위해
40년이 넘는 시간 동안 열심히 달려왔습니다.

앞으로도 끊임없는 연구와 노력을 통해
당연한 것을 멈추지 않고

고객, 기업, 직원 모두가 함께 성장하는 NE능률이 되겠습니다.

Dear Friends,

I'm your English Buddy!
Forget about all your worries.
I'm here to help you!
Let's smile! Let's learn! And let's have fun!

All the best,
Your English Buddy

★ HOW TO USE ★

다시 보기
새로운 Unit을 시작하기 전에, 지난 Unit에서 배운 내용을 한 번 더 확인해 보세요.

미리 보기
새로운 Unit에서 배울 내용을 만화를 통해 미리 살펴보세요.

문법 활용 스토리
쉽고 재미있는 스토리를 읽고, 그 속에 녹아 있는 문법을 찾아보세요.

핵심 문법 POINT
처음 문법을 시작하는 학생들이 꼭 알아야 할 문법을 알기 쉽게 설명하였습니다. 풍부한 예문을 통해 문법 이해와 흥미를 높이세요.

CHECK UP
학습한 문법은 간단한 문제로 바로 확인해 보세요.

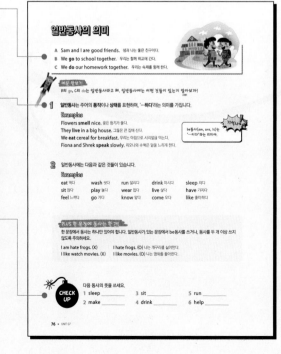

학습 내용과 관련된 문법 포인트를 다시 짚어주어 반복 학습이 가능합니다.

BUDDY'S TIPS
초등학생들이 헷갈리기 쉬운 문법포인트를 콕 집어 설명하였습니다.

PLUS
학습한 문법에서 한 걸음 더 나아가 보세요.

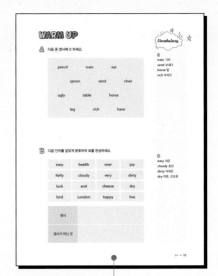

WARM UP

간단한 유형의 기본 문제를 통해 학습한 문법을 확인해 보세요!

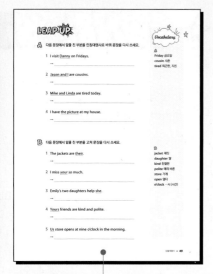

STEP UP

Warm up 보다 한 단계 높은 문제를 풀면서, 문법을 활용하는 힘을 길러 보세요.

LEAP UP

다양한 형태의 쓰기 문제를 통해 문장 쓰기의 기초를 다져 보세요. 중학교 내신 서술형 문제에도 함께 대비할 수 있어요.

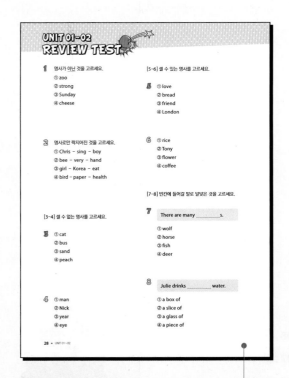

REVIEW TEST

두 개 Unit을 공부한 후, 객관식 유형과 주관식 유형을 통해 학습한 내용을 종합적으로 확인해 보세요.

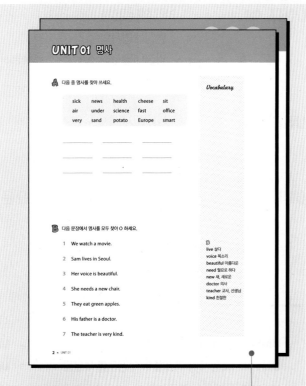

WORKBOOK

본문에서 부족한 문제는 워크북을 통해 보충해 보세요. Drill, 쓰기 연습 등 다양한 유형으로 문법을 연습할 수 있습니다.

★ CONTENTS ★

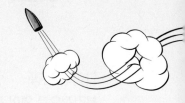

Level 3

★ 기초 다지기 ★

단어와 문장

본격적으로 영어 문법을 공부하기 전에, 단어와 문장의 개념과 영어 문장을 만드는 규칙에 대해 알아봅시다.

1 단어란 무엇일까요?

단어는 뜻을 가진 말의 가장 작은 단위입니다.

'사'라는 글자와 '과'라는 글자가 각각 떨어져 있을 때는 별다른 뜻을 가지지 않지만, 두 글자가 모여 '사과'라는 단어가 되면 우리가 아는 달콤한 과일을 의미하게 되지요.

영어에서도 마찬가지입니다. 알파벳 하나만으로는 특별한 의미가 없지만 알파벳들이 모이면 뜻을 가진 단어를 이루게 된답니다.

단어에 해당하는 것

apple 사과   mother 엄마   eat 먹다   pretty 예쁜   very 매우

2 문장이란 무엇일까요?

그렇다면 단어 하나만 있으면 하고 싶은 말을 다 표현할 수 있을까요?

'사과' 라고만 말하면 사과가 맛있다는 것인지, 사과를 가지고 있다는 것인지, 사과가 비싸다는 것인지 알 수 없겠죠?

여러 개의 단어가 모여서 하나의 '문장'을 이루어야 우리의 생각이나 감정을 완전하게 표현할 수 있게 됩니다.

문장은 완결된 내용을 나타내는 가장 작은 단위입니다.

문장에 해당하는 것

I have an apple.	나는 사과 하나를 가지고 있다.
I like dogs.	나는 개를 좋아한다.
The teacher is tall.	그 선생님은 키가 크다.

3 영어 문장을 만드는 규칙에는 어떤 것이 있나요?

(1) 영어의 모든 문장은 대문자로 시작합니다.

she is pretty. (X)   She is pretty. (O) 그녀는 예쁘다.

(2) 단어 사이에는 띄어쓰기를 합니다.

IknowJames. (X)   I know James. (O) 나는 제임스를 안다.

(3) 문장의 맨 끝에는 항상 마침표(.)나 물음표(?) 또는 느낌표(!) 같은 문장 부호를 써야 합니다.

He is tall (X)   He is tall. (O) 그는 키가 크다.   Is he tall? (O) 그는 키가 크니?

(4) 영어 문장은 우리말과 단어의 순서가 다릅니다. 영어 문장은 항상 '…는'에 해당하는 주어로 시작하고, 그 바로 뒤에는 '…하다/이다'에 해당하는 동사가 나옵니다. '…을/를'에 해당하는 목적어가 필요할 때는 동사 뒤에 씁니다. 영어 문장의 순서를 우리말과 비교해 보세요.

| I | like | pizza. | | 나는 | 피자를 | 좋아한다. |
| 주어 | 동사 | 목적어 | | 주어 | 목적어 | 동사 |

SPEED CHECK

A 단어에는 O, 문장에는 △ 하세요.

1 fast _____   4 He is fast. _____

2 Apples are red. _____   5 school _____

3 I am hungry. _____   6 hungry _____

B 올바른 문장을 모두 고르세요.

1 the dog is cute.   4 We like soccer

2 Iloveyou.   5 The sea is blue.

3 She is a doctor.   6 the teacher is kind

UNIT 01 명사

미리 보기

만화를 통해 이번 Unit에서 배울 내용을 미리 살펴보세요.

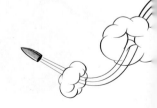

명사의 의미와 종류

A My **name** is **Ariana**. 내 이름은 아리아나야.

B I live under the **sea**. 나는 바다 밑에서 살아.

C My **friend** is a **dolphin**. 나의 친구는 돌고래야.

name, Ariana, sea, friend, dolphin은 모두 명사라고 해.

1 세상의 모든 것은 이름을 가지고 있습니다. '학교', '컴퓨터', '사랑', '공기'처럼 사람이나 사물의 이름을 나타내는 말을 **명사**라고 합니다.

Examples

skirt 치마	air 공기	foot 발	ring 반지
bird 새	toy 장난감	luck 행운	voice 목소리
chair 의자	spoon 숟가락	table 탁자	chicken 닭

☆ 명사가 아닌 것

eat 먹다	big 큰	well 잘	over … 위에
have 가지다	ugly 못생긴	very 매우	under … 밑에

2 **명사의 종류**: 명사에는 사람이나 사물, 장소, 눈에 보이지 않는 것 등 다양한 종류가 있습니다.

사람	사물	장소	눈에 보이지 않는 것
Elsa 엘사	bed 침대	Seoul 서울	luck 행운
Tom 탐	kiwi 키위	park 공원	love 사랑
Steve 스티브	cheese 치즈	room 방	joy 즐거움
Cinderella 신데렐라	pencil 연필	school 학교	health 건강

명사이면 O, 명사가 아니면 X 하세요.

1 toy _____

2 well _____

3 bed _____

4 eat _____

5 smart _____

6 school _____

WARM UP

A 다음 중 명사에 O 하세요.

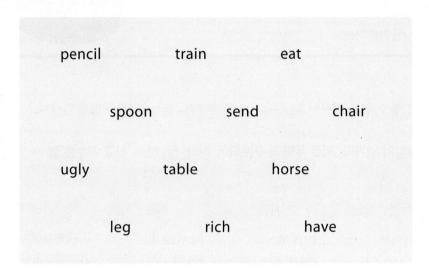

pencil   train   eat

spoon   send   chair

ugly   table   horse

leg   rich   have

Vocabulary

A
train 기차
send 보내다
horse 말
rich 부자인

B 다음 단어를 알맞게 분류하여 표를 완성하세요.

easy	health	over	joy
Kelly	cloudy	very	dirty
luck	and	cheese	dry
bird	London	happy	live

명사	
명사가 아닌 것	

B
easy 쉬운
cloudy 흐린
dirty 더러운
dry 마른, 건조한

셀 수 있는 명사와 셀 수 없는 명사

A **Tiffany** is a **vampire.**   티파니는 흡혈귀이다.

B She has sharp **teeth.**   그녀는 뽀족한 이빨이 있다.

C She drinks **blood.**   그녀는 피를 마신다.

예문 맛보기

A의 Tiffany와 C의 blood는 셀 수 없는 명사이고, A의 vampire와 B의 teeth는 셀 수 있는 명사야.

1 **셀 수 있는 명사:** 정해진 모양이 있거나, 서로 뚜렷이 구분되어 '하나, 둘, 셋 …'하고 개수를 셀 수 있는 것을 말합니다.

직업	동물 / 식물	사물	장소	기타
student 학생	lion 사자	bus 버스	house 집	word 단어
doctor 의사	potato 감자	desk 책상	bank 은행	story 이야기
teacher 선생님	animal 동물	button 단추	office 사무실	dollar 달러

Examples

It is a **lion.** 그것은 사자이다.

She is a **teacher.** 그녀는 선생님이다.

This is my **house.** 이것은 우리 집이다.

This is a **desk.** 이것은 책상이다.

It is a funny **story.** 그것은 재미있는 이야기이다.

He works at the **bank.** 그는 그 은행에서 일한다.

2 **셀 수 없는 명사:** 모양이 일정하지 않거나, 알갱이가 너무 작아 개수를 셀 수 없는 것을 말합니다. 사람 이름, 지역 이름 등 어떤 것의 이름이나, 눈에 보이지 않는 것도 셀 수 없는 명사입니다.

모양이 일정하지 않은 것 / 너무 작아 셀 수 없는 것	사람 이름 / 지역 이름	만지거나 볼 수 없는 것
gold 금	Jessica 제시카	love 사랑
water 물	Daniel 다니엘	music 음악
salt 소금	Korea 한국	news 소식
sand 모래	Europe 유럽	French 프랑스어

BUDDY'S TIPS

사람 이름, 지역 이름, 언어 등을 나타내는 말은 첫 글자를 대문자로 써!
korea(x) Korea(O)

Examples

I like **bread.** 나는 빵을 좋아한다.

He speaks **French.** 그는 프랑스어를 말한다.

Her name is **Jessica.** 그녀의 이름은 제시카이다.

I live in **Korea.** 나는 한국에 산다.

This is good **news.** 이것은 좋은 소식이다.

Gold is expensive. 금은 비싸다.

WARM UP

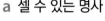
Vocabulary

A 다음 명사를 바르게 연결하세요.

1 window •

2 air •

3 butter •

4 tomato •

5 Japan •

6 nurse •

• a 셀 수 있는 명사

• b 셀 수 없는 명사

A
window 창문
tomato 토마토
nurse 간호사

B 다음 셀 수 없는 명사를 알맞게 분류하여 표를 완성하세요.

B
gold 금
joy 기쁨, 즐거움

~~Emma~~ Busan ~~gold~~ juice ~~news~~ joy Daniel bread French love salt

모양이 일정하지 않은 것 / 너무 작아 셀 수 없는 것	gold
사람 이름 / 지역 이름	Emma
만지거나 볼 수 없는 것	news

 A ( ) 안에서 명사를 고르세요.

1 (spoon / eat / tall)　　　6 (toy / and / teach)

2 (Jack / have / over)　　　7 (well / luck / strong)

3 (sad / box / on)　　　8 (lamp / under / very)

4 (tell / big / school)　　　9 (gold / sunny / again)

5 (table / slow / poor)　　　10 (mouth / hot / enjoy)

B 다음 중 셀 수 없는 명사를 고르세요.

1

rice　　　potato　　　eraser

2

peach　　　hospital　　　money

3

food　　　ship　　　candy

4

tiger　　　clock　　　sand

Vocabulary

A
tall 키가 큰
slow 느린
poor 가난한
teach 가르치다
strong 튼튼한
lamp 램프, 등
sunny 화창한
enjoy 즐기다

B
eraser 지우개
peach 복숭아
hospital 병원
ship 배
sand 모래

C 다음 문장에서 명사에 모두 O 하세요.

1 Africa is big.

2 Amy likes Sam.

3 A cheetah is fast.

4 Honey is sweet.

5 I have a cute pet.

D 다음 단어를 알맞게 분류하여 표를 완성하세요.

hear	house	rabbit	cheese	doctor
Amanda	England	music	teacher	lion
water	library	news	weak	under

종류		단어
셀 수 있는 명사	동물	rabbit
	장소	
	직업	
셀 수 없는 명사	모양이 일정하지 않은 것	
	사람 이름 / 지역 이름	
	만지거나 볼 수 없는 것	
명사가 아닌 것		

Vocabulary

C
Africa 아프리카
cheetah 치타
fast 빠른
honey 꿀
sweet 달콤한
have 가지다
cute 귀여운
pet 애완동물

D
hear 듣다
rabbit 토끼
doctor 의사
library 도서관
weak 약한
under … 아래에

E 다음 문장에서 셀 수 있는 명사에 O, 셀 수 없는 명사에 △ 하세요.

1 I hate math.

2 I like spring.

3 Jane is kind.

4 Time goes fast.

5 I want some juice.

6 This is my bedroom.

7 A banana is yellow.

F 다음 중 첫 글자를 대문자로 써야 하는 단어를 찾아 바르게 고쳐 쓰세요.

~~texas~~	chocolate	korean
steve	meat	mexico	summer
mike	hawaii	water	age
french	cup	bread	london

_____Texas_____   _____

_____   _____

_____   _____

Vocabulary

E
hate 싫어하다
math 수학
like 좋아하다
spring 봄
kind 친절한
time 시간
want 원하다
some 약간의, 조금의
bedroom 침실

F
meat 고기
summer 여름
age 나이

Vocabulary

A 다음 문장에서 명사를 찾아 쓰고, 그 명사의 뜻을 쓰세요.

1 My nose is big.

   명사: _____   뜻: _____

2 We love music.

   명사: _____   뜻: _____

3 It is an elephant.

   명사: _____   뜻: _____

4 I drink cold water.

   명사: _____   뜻: _____

5 I speak English well.

   명사: _____   뜻: _____

A

drink 마시다
speak 말하다

B 다음 글에서 셀 수 있는 명사와 셀 수 없는 명사를 찾아 쓰세요.

This is an animal.
Its name is Poe.
It looks like a bear.
It lives in China.
Yes, it is a panda!

셀 수 있는 명사	셀 수 없는 명사

B

animal 동물
name 이름
look like
…처럼 보이다
bear 곰
live 살다
panda 판다

명사 ▪ **17**

학교 다니기 싫어요!

초등학교에 갓 입학한 아이가 울면서 선생님에게 달려간다.

명사의 복수형

다시 보기

지난 Unit에서 배운 내용을 다시 확인해 보세요.

☆ 명사

Elsa 엘사   bed 침대   cheese 치즈   park 공원   luck 행운

☆ 셀 수 있는 명사

정해진 모양이 있거나 개수를 셀 수 있는 명사

student 학생   lion 사자   desk 책상   house 집   word 단어

☆ 셀 수 없는 명사

모양이 일정하지 않은 것, 알갱이가 너무 작아 개수를 셀 수 없는 것, 사람 이름 / 지역 이름, 만지거나 볼 수 없는 것

gold 금   sand 모래   Jessica 제시카   Korea 한국   music 음악   love 사랑

미리 보기

만화를 통해 이번 Unit에서 배울 내용을 미리 살펴보세요.

셀 수 있는 명사의 복수형

A There are three **pigs**. 돼지 세 마리가 있다.

B The pigs are afraid of **wolves**. 그 돼지들은 늑대들을 무서워한다.

C They want strong **houses**. 그들은 튼튼한 집을 원한다.

예문 맛보기

A, B, C에서 pigs, wolves, houses는 각각 pig, wolf, house의 복수형이야.

1 **단수와 복수**: 명사가 **하나**일 때는 **단수**, **둘 이상**일 때는 **복수**라고 합니다. 우리말로는 '친구들'처럼 명사 뒤에 간단히 '…들'을 붙이지만 영어에서는 다양한 형태로 복수를 나타냅니다.

2 **규칙 복수형**: 어떤 철자로 끝나는지에 따라 명사를 복수형으로 만드는 규칙이 조금씩 달라집니다.

명사의 형태	규칙	Examples
대부분의 명사	+-**s**	girl**s** ball**s** bird**s** movie**s**
-s, -x, -ss, -ch, -sh로 끝나는 명사	+-**es**	bus**es** box**es** class**es** church**es** dish**es**
「자음+o」로 끝나는 명사	+-**s**/-**es**	piano**s** potato**es** tomato**es**
「자음+y」로 끝나는 명사	-**y** → -**ies**	cand**ies** bod**ies** countr**ies**
-f, -fe로 끝나는 명사	-**f(e)** → -**ves**	kni**ves** wol**ves** lea**ves** scar**ves**

3 **불규칙 복수형**: 몇몇 명사는 규칙에 따라 변하지 않고 독특한 형태의 복수형을 가집니다.

	Examples
불규칙한 형태로 변하는 명사	man - **m**e**n** woman - **w**o**m**e**n** mouse - **mi**ce child - child**ren** foot - f**ee**t tooth - t**ee**th
단수형과 복수형이 같은 명사	fish - **fish** sheep - **sheep** deer - **deer**

다음 중 명사의 복수형에 O 하세요.

CHECK UP

chair   desks   dress   cups   men
oranges   cities   glass   bus

WARM UP

A 다음 명사의 복수형으로 알맞은 것을 고르세요.

1	lion	① lions	② liones
2	wolf	① wolfs	② wolves
3	piano	① pianos	② pianoes
4	color	① colors	② colores
5	tooth	① toothes	② teeth
6	movie	① movis	② movies
7	family	① families	② familys

B 다음 명사를 주어진 규칙에 따라 복수형으로 바꿔 쓰세요.

+ -s	+ -es
1 ball →	3 fox →
2 key →	4 watch →
-y → -ies	**-f(e) → -ves**
5 candy →	7 leaf →
6 body →	8 wife →
불규칙한 형태로 변함	**단수형과 복수형이 같음**
9 child →	11 fish →
10 foot →	12 sheep →

셀 수 없는 명사의 수량 표현

A I have **a piece of** paper. 나는 종이 한 장을 가지고 있다.

B I draw a princess on it. 나는 그 위에 공주를 그린다.

C I cut it out with **scissors**. 나는 그것을 가위로 자른다.

D Now I have a paper doll! 이제 나에게는 종이 인형이 있다!

예문 맛보기

A의 a piece of는 셀 수 없는 명사인 종이의 수량을 표현하는 단위야.
C의 scissors는 주로 복수형으로 쓰이는 명사지.

1 셀 수 없는 명사는 **양을 재는 단위나 용기** 등을 사용하여 수량을 표현합니다.

Examples

a piece of paper 종이 한 장 **a cup of** coffee 커피 한 잔

a glass of juice 주스 한 잔 **a spoonful of** sugar 설탕 한 숟가락

a bowl of rice 밥 한 그릇 **a slice of** cheese 치즈 한 조각

a box of cereal 시리얼 한 박스 **a bottle of** ketchup 케첩 한 병

a loaf of bread 빵 한 덩이 **a piece of** cake 케이크 한 조각

2 이때 **단위를 복수형**으로 쓰면 셀 수 없는 명사가 얼마나 많이 있는지를 나타낼 수 있습니다.

Examples

two pieces of paper 종이 두 장 **three cups** of coffee 커피 세 잔

five slices of cheese 치즈 다섯 조각 **two bottles** of water 물 두 병

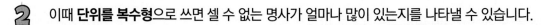

PLUS 주의해야 할 복수 표현

두 개가 **쌍을 이루어 하나가 되는 명사**는 보통 복수형으로 씁니다.

glasses 안경 gloves 장갑 shoes 신발

socks 양말 scissors 가위 pants 바지

jeans 청바지 slippers 실내화 earrings 귀걸이

이러한 명사들의 수량은 **a pair of**(한 쌍의)를 사용하여 나타냅니다.

a pair of glasses 안경 한 개 two pairs of glasses 안경 두 개

a pair of shoes 신발 한 켤레 two pairs of shoes 신발 두 켤레

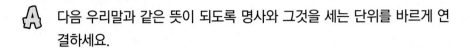

A 다음 우리말과 같은 뜻이 되도록 명사와 그것을 세는 단위를 바르게 연결하세요.

1   종이 한 장   a piece of   •   • a rice

2   물 한 병   a bottle of   •   • b sugar

3   주스 한 잔   a glass of   •   • c paper

4   밥 한 그릇   a bowl of   •   • d juice

5   설탕 한 숟가락 a spoonful of •   • e water

A
piece 한 조각; 한 장
bottle 병
glass (유리)잔
paper 종이
bowl (우묵한) 그릇
spoonful 한 숟가락
sugar 설탕

B 다음 우리말과 같은 뜻이 되도록 (   ) 안에서 알맞은 것을 고르세요.

1 바지   (pant / pants)

2 가위   (scissors / scissor)

3 안경   (glass / glasses)

4 귀걸이 한 쌍   (an earrings / a pair of earrings)

5 장갑 한 켤레   (a pair of gloves / a pair of glove)

6 신발 두 켤레   (two pairs of shoe / two pairs of shoes)

7 양말 두 켤레   (pair of two socks / two pairs of socks)

STEP UP

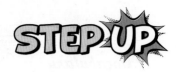

A ( ) 안에서 알맞은 것을 고르세요.

1 I have two (petes / pets).

2 Sam wears (a glass / glasses).

3 The (boxs / boxes) are very heavy.

4 Jessica has three (classs / classes) today.

5 I brush my (tooths / teeth) in the evening.

6 There are seven (days / daies) in a week.

7 Mom puts (potatoes / potatos) in the bag.

B 다음 명사의 복수형을 쓰세요.

1 dish → ______________

2 picture → ______________

3 friend → ______________

4 church → ______________

5 woman → ______________

6 holiday → ______________

7 actress → ______________

8 company → ______________

Vocabulary

A

wear 입고[쓰고] 있다
heavy 무거운
class 수업
brush 솔질하다, 칫솔질하다
evening 저녁
day 하루, 날, 일
week 주, 일주일

B

dish 접시
picture 그림, 사진
friend 친구
church 교회
woman 여자
holiday 휴가, 휴일
actress 여배우
company 회사

C 다음 그림을 보고 주어진 단어를 빈칸에 알맞은 형태로 쓰세요.

1

child

three _____

2

fish

five _____

3

deer

four _____

4

mouse

three _____

C
deer 사슴
mouse 쥐

D 〈보기〉의 단어를 이용하여 빈칸에 알맞은 말을 쓰세요.

| 〈보기〉 pair glass piece spoonful |

1 a _____ of salt

2 six _____ of water

3 a _____ of gloves

4 two _____ of paper

D
spoonful 한 숟가락
salt 소금

E 주어진 말을 빈칸에 알맞은 형태로 쓰세요.

1 We need ten ____________. (knife)

2 Linda has three ____________. (baby)

3 Five ____________ eat carrots. (rabbit)

4 There are two ____________ of jeans. (pair)

5 This sandwich has two ____________ of ____________ in it. (slice, cheese)

F 다음 표를 보고 빈칸에 알맞은 말을 쓰세요.

A Bowl of Fruit Salad	
apple	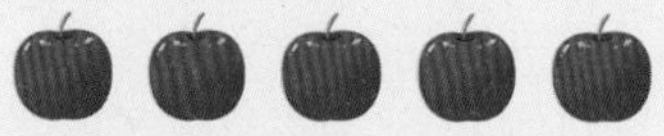
peach	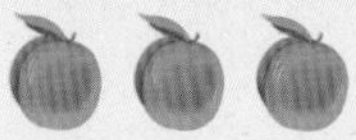
strawberry	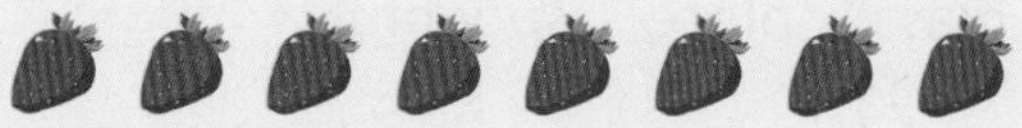
sugar	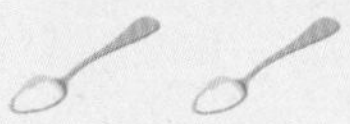

For a bowl of fruit salad, we need five ____________, three ____________, eight ____________, and two spoonfuls of ____________.

Vocabulary

E
need 필요로 하다
knife 칼
baby 아기
carrot 당근
rabbit 토끼

F
fruit 과일
salad 샐러드
peach 복숭아
strawberry 딸기

 A　〈보기〉의 단어를 이용하여 빈칸에 알맞은 말을 쓰세요.

〈보기〉 sheep　leaf　glass　bowl　pair

1 가을에 나뭇잎들은 아름답다.

→ The ＿＿＿＿＿＿＿＿＿＿＿ are beautiful in fall.

2 농장에 양 네 마리가 있다.

→ There are ＿＿＿＿＿＿＿＿＿＿＿ in the farm.

3 다니엘은 매년 신발 한 켤레를 산다.

→ Daniel buys ＿＿＿＿＿＿＿＿＿＿＿ shoes every year.

4 나는 점심으로 밥 두 그릇과 물 한 잔을 먹는다.

→ I have ＿＿＿＿＿＿＿＿＿＿＿ rice and

＿＿＿＿＿＿＿＿＿＿＿ water for lunch.

B　다음 문장에서 밑줄 친 부분을 고쳐 문장을 다시 쓰세요.

1 Potatos are delicious.

→ ＿＿＿＿＿＿＿＿＿＿＿＿＿＿＿＿＿＿＿＿＿

2 There is a pieces of cake.

→ ＿＿＿＿＿＿＿＿＿＿＿＿＿＿＿＿＿＿＿＿＿

3 Sonya has two puppys.

→ ＿＿＿＿＿＿＿＿＿＿＿＿＿＿＿＿＿＿＿＿＿

4 Nick drinks two cup of coffees in the morning.

→ ＿＿＿＿＿＿＿＿＿＿＿＿＿＿＿＿＿＿＿＿＿

1 명사가 아닌 것을 고르세요.

① zoo
② strong
③ Sunday
④ cheese

2 명사로만 짝지어진 것을 고르세요.

① Chris – sing – boy
② bee – very – hand
③ girl – Korea – eat
④ bird – paper – health

[3–4] 셀 수 없는 명사를 고르세요.

3 ① cat
② bus
③ sand
④ peach

4 ① man
② Nick
③ year
④ eye

[5–6] 셀 수 있는 명사를 고르세요.

5 ① love
② bread
③ friend
④ London

6 ① rice
② Tony
③ flower
④ coffee

[7–8] 빈칸에 들어갈 말로 알맞은 것을 고르세요.

7
There are many _____s.

① wolf
② horse
③ fish
④ deer

8
Julie drinks _____ water.

① a box of
② a slice of
③ a glass of
④ a piece of

All our dreams can come true,
if we have the courage to pursue them.
— Walt Disney

9 명사의 단수형과 복수형이 바르게 연결된 것을 고르세요.

① toy – toies
② leaf – leafes
③ sheep – sheeps
④ tomato – tomatoes

10 빈칸에 공통으로 들어갈 말을 쓰세요.

• I wear a _____ of socks.
• He has a _____ of gloves.

11 다음 중 틀린 문장을 고르세요.

① Jane is kind.
② They live in china.
③ She is from Seoul.
④ The boxes are heavy.

12 밑줄 친 명사를 복수형으로 바꿔 문장을 다시 쓰세요.

I know the <u>woman</u>.

→ _____

13 다음 우리말을 영어로 바르게 옮긴 것을 고르세요.

헨리는 치즈 두 조각을 먹는다.

① Henry eats two cheese.
② Henry eats two slice of cheese.
③ Henry eats two slice of cheeses.
④ Henry eats two slices of cheese.

14 다음 문장에서 밑줄 친 부분을 바르게 고쳐 쓰세요.

My little brother has only two <u>tooth</u>.

→ _____

15 다음 우리말과 같은 뜻이 되도록 빈칸에 알맞은 말을 쓰세요.

우리는 설탕 한 숟가락이 필요하다.

→ We need _____ sugar.

보물을 찾아라!

이 섬에는 해적들이 감춰 놓은 어마어마한 금은보화가 숨겨져 있어요.
하지만 섬의 곳곳에 맹수들이 살고 있어서 보물을 찾는 것은 쉽지 않을 거예요.
서둘러 보물을 찾아 떠나세요!

정답은 p.127에서 확인할 수 있습니다.

UNIT 03 관사

다시 보기

지난 Unit에서 배운 내용을 다시 확인해 보세요.

☆ 셀 수 있는 명사의 복수형

· 규칙 복수형

| girl – girl**s** | class – class**es** | potato – potato**es** |
| body – bod**ies** | knife – kni**ves** | leaf – lea**ves** |

· 불규칙 복수형

| man – m**en** | mouse – m**ice** | child – child**ren** |
| foot – f**eet** | fish – **fish** | sheep – **sheep** |

☆ 셀 수 없는 명사의 수량 표현

| **a piece of** paper 종이 한 장 | **a glass of** juice 주스 한 잔 |
| **a spoonful of** sugar 설탕 한 숟가락 | **a piece of** cake 케이크 한 조각 |

미리 보기

만화를 통해 이번 Unit에서 배울 내용을 미리 살펴보세요.

관사의 의미와 쓰임

A James has **a pet**. 제임스는 애완동물이 한 마리 있다.

B **The pet** is special. 그 애완동물은 특별하다.

C It is **a green snake**. 그것은 초록색 뱀이다.

예문 맛보기

A의 a pet, B의 The pet, C의 a green snake에서 명사 앞에 a, the는 왜 붙을까?

1 관사는 **명사**의 앞에 붙어 그 명사의 성격을 나타내는 말입니다. 관사에는 a/an, the가 있습니다.

2 **a/an**: a는 **하나의 명사**를 가리키거나 특별히 정해지지 않은 **명사**를 가리킬 때 사용합니다. 발음이 모음 ([a], [e], [i], [o], [u])으로 시작하는 명사 앞에는 **a 대신 an**을 씁니다. a나 an은 명사의 복수형이나 셀 수 없는 명사 앞에는 쓰지 않습니다.

Examples

I need **a** pencil. 나는 연필이 필요하다.

An onion is on the table. 양파 한 개가 탁자 위에 있다.

Bruce has **a** comic book. 브루스는 만화책을 한 권 가지고 있다.

3 **the**: 앞에서 이미 언급된 **명사**를 가리킬 때는 the를 씁니다. the는 명사의 단수형이나 복수형, 셀 수 없는 명사 앞에 모두 쓸 수 있습니다.

Examples

Harry wears a hat. **The** hat is blue. 해리가 모자를 쓴다. 그 모자는 파란색이다.

A man enters a building. **The** building is old. 한 남자가 건물 안으로 들어간다. 그 건물은 오래되었다.

Two boats are on the river. **The** boats are big. 보트 두 대가 강 위에 있다. 그 보트들은 크다.

a bear

the bear

> **BUDDY'S TIPS**
> the 뒤에 오는 단어의 첫 발음이 자음이면 [ðə](더)로 읽고, 모음이면 [ði](디)라고 읽어.
> the [ðə] hat
> the[ði] apple

WARM UP

A 다음 문장에서 관사에 모두 O 하세요.

1 There is a turtle.

2 This is an umbrella.

3 She buys an orange.

4 Tao drives a car.

5 My mother is a doctor.

6 David sits on a bed. The bed is soft.

7 Kevin has a cat. The cat has yellow eyes.

A
turtle 거북이
umbrella 우산
drive 운전하다
sit 앉다
soft 부드러운

B ( ) 안에서 알맞은 것을 고르세요.

B
box 상자
owl 부엉이, 올빼미

1

(a / an / the) box

2

(a / an / the) box

3

(a / an / the) owl

4

(a / an / the) owl

관사의 예외적인 쓰임

A **The sea** is blue. 바다는 푸르다.

B We play **volleyball**. 우리는 배구를 한다.

C The boys eat **lunch**. 남자아이들은 점심을 먹는다.

예문 맛보기

A~C처럼 어떤 명사들은 항상 the를 붙이기도 하고, 어떤 명사들은 관사를 쓰지 않기도 해.

1 다음 명사들은 일반적으로 항상 **the**를 붙입니다.

명사의 종류	Examples
유일한 것	**the** sun 해 **the** moon 달 **the** sky 하늘 **the** sea 바다 **the** earth 지구
play the + 악기	play **the** piano 피아노를 치다 play **the** drums 드럼을 치다 play **the** violin 바이올린을 켜다

Examples

The sky is blue. 하늘이 파랗다.

The moon is bright. 달이 밝다.

Mike **plays the cello**. 마이크가 첼로를 연주한다.

2 다음 명사들은 주로 **관사를 붙이지 않습니다.**

명사의 종류	Examples
운동 경기	basketball 농구 soccer 축구 baseball 야구
식사	breakfast 아침 식사 lunch 점심 식사 dinner 저녁 식사
과목	English 영어 math 수학 science 과학
사람 이름	Andy 앤디 Paul 폴 Emma 엠마

Examples

Jake plays **basketball**. 제이크가 농구를 한다.

I have **dinner** with my family. 나는 가족과 함께 저녁 식사를 한다.

Susan teaches **English**. 수잔은 영어를 가르친다.

My best friend is **Emma**. 나의 가장 친한 친구는 엠마이다.

WARM UP

Vocabulary

A
ant 개미
cowboy 카우보이
ghost 유령, 귀신

A 다음 명사를 알맞게 분류하여 표를 완성하세요.

sun	dinner	ant	Mike
hotdog	earth	sky	cowboy
ghost	tennis	math	sea

1 항상 the를 쓰는 명사	2 관사를 쓰지 않는 명사
sun	dinner

B 다음 밑줄 친 부분의 쓰임이 올바르면 O, 그렇지 않으면 X 하세요.

B
dark 어두운
shine 빛나다
history 역사
favorite
매우 좋아하는
subject 과목

1 <u>A</u> sky is dark.　　　　　＿＿＿＿＿＿

2 <u>The</u> sun shines.　　　　　＿＿＿＿＿＿

3 Clara <u>plays piano</u>.　　　　＿＿＿＿＿＿

4 Cindy plays <u>soccer</u>.　　　　＿＿＿＿＿＿

5 James has <u>the</u> lunch with Luke.　　＿＿＿＿＿＿

6 We study <u>a</u> history at school.　　＿＿＿＿＿＿

7 <u>English</u> is my favorite subject.　　＿＿＿＿＿＿

A 다음 빈칸에 a나 an 중 알맞은 것을 쓰세요. (필요하지 않으면 X 하세요.)

1 _____ ruler

6 _____ letters

2 _____ answer

7 _____ song

3 _____ water

8 _____ e-mail

4 _____ soccer

9 _____ restaurant

5 _____ mirror

10 _____ breakfast

B ( ) 안에서 알맞은 것을 고르세요.

1 Chuck is (a / an) dentist.

2 I miss (an / X) Andrew.

3 Jack swims in (the / X) sea.

4 Ariel plays (the / X) violin.

5 I have (a / an) smartphone.

6 He needs (a / an) alarm clock.

7 Donald eats a hamburger for (the / X) lunch.

8 Jenny has (a / X) piano. She cleans (the / X) piano
every day.

B
dentist 치과 의사
miss 그리워하다
swim 수영하다
smartphone
스마트폰
alarm clock 자명종
clean 닦다, 청소하다

C 다음 우리말과 같은 뜻이 되도록 빈칸에 a나 an 중 알맞은 것을 쓰세요.
(필요하지 않으면 X 하세요.)

1 계란 하나가 바구니 안에 있다.

→ _____ egg is in the basket.

2 그 강아지는 우유를 마신다.

→ The puppy drinks _____ milk.

3 올리비아는 쿠키를 굽는다.

→ Olivia bakes _____ cookies.

4 거미 한 마리가 책상 위에 있다.

→ _____ spider is on the desk.

Vocabulary

C
puppy 강아지
bake (음식을) 굽다
spider 거미

D 다음 빈칸에 알맞은 관사를 쓰세요.

1 He has _____a_____ dog.

_____The_____ dog is brown.

2 She puts _____ book in her
backpack.

_____ book is thick.

3 He sees _____ bear.

_____ bear is big.

D
brown 갈색의
put 넣다
backpack 배낭
thick 두꺼운

E 주어진 단어를 이용하여 빈칸에 알맞은 말을 쓰세요.
(필요하면 the를 쓰세요.)

1 Nicole plays _____. (cello)

2 Frank likes _____. (baseball)

3 She teaches _____. (science)

4 An airplane flies in _____. (sky)

5 I have _____ at home. (dinner)

6 _____ changes every month. (moon)

F 다음 그림을 보고 관사와 알맞은 명사를 이용하여 문장을 완성하세요.

F
pour 붓다, 따르다
pot 항아리
hole 구멍
frog 개구리
help 돕다
pick 고르다, 집어내다

1  2  3

1 Kong-ji pours water into ____a____ pot.

_____ _____ has a hole.

⬇

2 _____ frog comes.

_____ _____ helps her.

⬇

3 Three birds help her, too.

_____ _____ pick up the rice for her.

A 다음 우리말과 같은 뜻이 되도록 ( ) 안의 말을 바르게 배열하세요.

1 태양은 거대하다. (sun / the / is / huge)

→ _____

2 나는 토끼 한 마리를 가지고 있다. (I / a / have / rabbit)

→ _____

3 토니는 섬에서 산다. (Tony / an / lives on / island)

→ _____

4 엠마는 샌드위치 하나를 먹는다. (eats / Emma / sandwich / a)

→ _____

B 다음 우리말과 같은 뜻이 되도록 밑줄 친 부분을 바르게 고쳐 쓰세요.

1 래리는 새 차를 원한다.
Larry wants the new car.　　　→ _____

2 스티브 잡스가 복숭아 하나를 먹는다.
Steve Jobs eats peach.　　　→ _____

3 배트맨은 아파트에 산다.
Batman lives in a apartment.　　→ _____

4 케이티는 매일 도넛 한 개를 산다.
Katie buys a doughnuts every day.　→ _____

5 아만다는 그림을 그린다. 그 그림은 굉장하다.
Amanda draws a picture. A picture is amazing.

→ _____

Vocabulary

A
huge 거대한
live 살다
island 섬
eat 먹다

B
want 원하다
new 새로운
apartment 아파트
buy 사다
doughnut 도넛
amazing 놀랄 만한,
굉장한

그림자를 돌려주세요

운동장에서 놀고 있는 친구들의 모습이에요. 그런데 이상하죠?
그림자들이 주인에게서 도망쳐 버렸어요. ①~⑥번 그림자의 주인을 찾아주세요.

UNIT 04 인칭대명사

다시 보기

지난 Unit에서 배운 내용을 다시 확인해 보세요.

☆ 관사의 의미와 쓰임

An onion is on the table. 양파 한 개가 탁자 위에 있다.

Bruce has **a** comic book. 브루스는 만화책을 한 권 가지고 있다.

Harry wears **a** hat. **The** hat is blue. 해리가 모자를 쓴다. 그 모자는 파란색이다.

☆ 관사의 예외적인 쓰임

The sky is blue. 하늘이 파랗다.

Mike **plays the cello**. 마이크가 첼로를 연주한다.

Jake plays **basketball**. 제이크가 농구를 한다.

I have **dinner** with my family. 나는 가족과 함께 저녁 식사를 한다.

Susan teaches **English**. 수잔은 영어를 가르친다.

My best friend is **Emma**. 나의 가장 친한 친구는 엠마이다.

미리 보기

만화를 통해 이번 Unit에서 배울 내용을 미리 살펴보세요.

인칭대명사의 주격·목적격

A **She** lives in a tower. 그녀는 탑에 살고 있다.

B The prince likes **her**. 왕자는 그녀를 좋아한다.

C **He** climbs up the tower. 그는 탑을 오른다.

D **They** meet every day. 그들은 매일 만난다.

예문 맛보기

A, C, D의 She, He, They는 인칭대명사의 주격이고, B의 her는 인칭대명사의 목적격이야.

1 **대명사와 인칭대명사:** 대명사는 명사를 대신하는 말입니다. 대명사 중에서 **사물이나 사람을 대신하여 나타내는 말**을 인칭대명사라고 합니다. 인칭대명사는 문장에서 하는 역할(격)에 따라 형태가 달라집니다.

2 **주격:** 문장에서 **주어 역할**을 하는 인칭대명사를 주격이라고 합니다. '…은/는'이라고 해석합니다.

| 주격 | I 나는 | you 너는(너희는) | he 그는 | she 그녀는 | we 우리는 | they 그들은 | it 그것은 |

Examples

Jamie is a singer. **He** has many fans. 제이미는 가수이다. 그는 팬이 많다. (He = Jamie)
I kick a ball. 내가 공을 찬다.   **You** are a student. 너는 학생이다.
We study together. 우리는 함께 공부한다.   **It** is an eraser. 그것은 지우개이다.

3 **목적격:** 문장에서 **목적어 역할**을 하는 인칭대명사를 목적격이라고 합니다. '…을/를'이라고 해석합니다.

| 목적격 | me 나를 | you 너를(너희를) | him 그를 | her 그녀를 | us 우리를 | them 그들을 | it 그것을 |

Examples

Sarah walks. Mike follows **her**. 사라는 걷는다. 마이크는 그녀를 따라간다. (her = Sarah)
Please help **me**. 저를 도와주세요.   Ella finds **him**. 엘라는 그를 찾는다.
Nick knows **you**. 닉은 너를 안다.   Tom often visits **us**. 톰은 자주 우리를 방문한다.

PLUS 1인칭/2인칭/3인칭

1인칭: 말하는 자기 자신 - 나, 우리
2인칭: 듣는 상대방 - 너, 너희
3인칭: 1, 2인칭을 제외한 나머지 - 그, 그녀, 그것, 그들, 피터, 강아지, 선생님 등

WARM UP

A 다음 인칭대명사와 우리말을 바르게 연결하세요.

1 me •

2 us •

3 him •

4 she •

5 they •

6 her •

7 we •

• a 우리를

• b 그를

• c 그들은

• d 그녀는

• e 그녀를

• f 나를

• g 우리는

B 다음 문장에서 인칭대명사에 O 하고, 알맞은 역할에 ✓ 하세요.

1 You look sad.   ☐ 주격   ☐ 목적격

2 Alice knows him.   ☐ 주격   ☐ 목적격

3 They are doctors.   ☐ 주격   ☐ 목적격

4 We sing together.   ☐ 주격   ☐ 목적격

5 Liam sees her on TV.   ☐ 주격   ☐ 목적격

6 Parker often helps me.   ☐ 주격   ☐ 목적격

7 She likes cats very much.   ☐ 주격   ☐ 목적격

8 The teacher knows them.   ☐ 주격   ☐ 목적격

B
look
보다; *…처럼 보이다
sad 슬픈
doctor 의사
sing 노래하다
see 보다
often 자주
teacher 교사, 선생님
know 알다

인칭대명사의 소유격·소유대명사

A This shoe is not **hers**. 이 신발은 그녀의 것이 아니다.

B **Her** foot is too big. 그녀의 발은 너무 크다.

C It is **yours**. 이것은 너의 것이다.

D **Your** foot fits the shoe! 너의 발이 이 신발에 꼭 맞는다!

예문 맛보기

A와 C의 hers, yours는 소유대명사이고 B와 D의 Her, Your는 인칭대명사의 소유격이야.

1 **소유격:** 문장에서 **소유의 의미**를 나타내는 인칭대명사를 소유격이라고 합니다. 명사 앞에 쓰여서 그 명사가 누구의 것인지를 나타내며, '**…의**'라고 해석합니다.

소유격	my 나의	your 너의(너희의)	his 그의	her 그녀의
	our 우리의	their 그들의	its 그것의	

Examples

I like Jane. **Her** smile is beautiful.
나는 제인을 좋아한다. 그녀의 미소는 아름답다. (Her smile = Jane's smile)

This is **my** desk. 이것은 내 책상이다.   **Her** hands are dirty. 그녀의 손은 지저분하다.

Your bag is heavy. 너의 가방은 무겁다.   **Our** dog is a poodle. 우리의 개는 푸들이다.

2 **소유대명사:** 소유대명사는 '**…의 것**'이라는 뜻으로 소유격과 명사를 하나로 합쳐서 말할 때 쓰입니다.

소유대명사	mine 나의 것	yours 너의(너희의) 것	his 그의 것	hers 그녀의 것
	ours 우리의 것	theirs 그들의 것		

Examples

The car is **mine**. 그 차는 내 것이다. (mine = my car)

His hand holds **hers**. 그의 손이 그녀의 손을 잡는다.

Victory is **ours**. 승리는 우리의 것이다.

The pen is **his**. 그 펜은 그의 것이다.

BUDDY'S TIPS

명사를 활용해 '…의 (것)'을 나타낼 때는 명사 뒤에 's를 붙여.
Jane's shoes 제인의 신발
The shoes are Jane's.
그 신발은 제인의 것이다.

CHECK UP

소유격에는 O, 소유대명사에는 △ 하세요.

1 my _____

2 your _____

3 ours _____

4 mine _____

5 her _____

6 theirs _____

WARM UP

A 다음 인칭대명사는 우리말로, 우리말은 인칭대명사로 쓰세요.

1 my _____

2 hers _____

3 your _____

4 ours _____

5 our _____

6 theirs _____

7 나의 것 _____

8 그의 것 _____

9 그녀의 _____

10 그들의 _____

11 그의 _____

12 너의 것 _____

B 다음 문장에서 인칭대명사에 O 하고, 알맞은 역할에 ✓ 하세요.

1 His feet are big. ☐ 소유격 ☐ 소유대명사

2 This is my house. ☐ 소유격 ☐ 소유대명사

3 Your eyes are blue. ☐ 소유격 ☐ 소유대명사

4 The candies are ours. ☐ 소유격 ☐ 소유대명사

5 The small desk is yours. ☐ 소유격 ☐ 소유대명사

6 The cute dogs are his. ☐ 소유격 ☐ 소유대명사

7 The large garden is hers. ☐ 소유격 ☐ 소유대명사

8 Their teacher is Mrs. Smith. ☐ 소유격 ☐ 소유대명사

B
eye 눈
small 작은
cute 귀여운
large 큰, 넓은
garden 정원

 A 다음 빈칸에 알맞은 인칭대명사를 넣어 표를 완성하세요.

주격	소유격	목적격	소유대명사
1	my	me	2
you	your	3	4
he	his	5	6
7	her	8	hers
we	9	10	ours
they	their	11	12
it	13	14	–

B ( ) 안에서 알맞은 것을 고르세요.

1 (We / Us) live in Seoul.

2 (They / Them) are neighbors.

3 The big house is (our / ours).

4 (Him / His) paintings are great.

5 The computer is (your / yours).

6 I meet (they / them) every day.

7 Many people love (she / her) voice.

B
neighbor 이웃
painting 그림
great 굉장한, 대단한
computer 컴퓨터
meet 만나다
many 많은
people 사람들
voice 목소리

C 다음 그림을 보고 빈칸에 알맞은 말을 〈보기〉에서 골라 쓰세요.

Vocabulary

C
farmer 농부
uncle 삼촌

〈보기〉 my   mine   they   them   she   he

1
_____ loves Emma.

2
_____ are farmers.

3
This book is _____.

4
The men are _____ uncles.

D 다음 빈칸에 알맞은 말을 〈보기〉에서 골라 쓰세요.

D
building 건물
smart 똑똑한
handsome
멋진, 잘생긴
hair 머리카락
brush 빗질하다

〈보기〉   he   her   his   our   it

1 Chuck is rich. The buildings are _____.

2 We have two dogs. _____ dogs are smart.

3 George is my boyfriend. _____ is handsome.

4 Ann is our teacher. We like _____ very much.

5 Amy has long hair. She brushes _____ often.

인칭대명사 ▪ 47

E 주어진 단어를 빈칸에 알맞은 형태로 쓰세요.

1 The textbook is _____. (she)

2 That is _____ backpack. (he)

3 _____ rooms are clean. (they)

4 _____ are a good dancer. (you)

5 Sally invites _____ to her parties. (we)

6 The nurse calls _____ name. (I)

E
textbook 교과서
clean 깨끗한
invite 초대하다
nurse 간호사
call (큰 소리로) 부르다

F 다음 그림을 보고 빈칸에 알맞은 인칭대명사를 쓰세요.

F
picture 사진, 그림
bike 자전거
ride 타다
balloon 풍선
parents 부모님

I am John. This is a picture of my family.

1 The bike is _____. I ride _____ every day.

2 _____ sister has a balloon. _____ looks happy.

3 _____ are my parents. I love _____.

A 다음 문장에서 밑줄 친 부분을 인칭대명사로 바꿔 문장을 다시 쓰세요.

1 I visit <u>Danny</u> on Fridays.

→ _____

2 <u>Jason and I</u> are cousins.

→ _____

3 <u>Mike and Linda</u> are tired today.

→ _____

4 I have <u>the picture</u> at my house.

→ _____

B 다음 문장에서 밑줄 친 부분을 고쳐 문장을 다시 쓰세요.

1 The jackets are <u>their</u>.

→ _____

2 I miss <u>your</u> so much.

→ _____

3 Emily's two daughters help <u>she</u>.

→ _____

4 <u>Yours</u> friends are kind and polite.

→ _____

5 <u>Us</u> store opens at nine o'clock in the morning.

→ _____

B
jacket 재킷
daughter 딸
kind 친절한
polite 예의 바른
store 가게
open 열다
o'clock …시 (시간)

1 관사의 쓰임이 적절하지 <u>않은</u> 것을 고르세요.

① a day

② a egg

③ a name

④ a word

2 인칭대명사와 우리말이 <u>잘못</u> 연결된 것을 고르세요.

① he – 그는

② my – 나의

③ our – 우리의

④ them – 그들의

[3-4] 빈칸에 들어갈 수 <u>없는</u> 것을 고르세요.

3

> Linda knows _____.

① me

② us

③ his

④ her

4

> _____ hands are small.

① His

② Hers

③ Your

④ Their

5 짝지어진 단어의 관계가 〈보기〉와 <u>다른</u> 것을 고르세요.

> 〈보기〉 I – mine

① he – him   ② we – ours

③ you – yours   ④ they – theirs

6 빈칸에 들어갈 말이 바르게 짝지어진 것을 고르세요.

> She eats _____ orange.
> _____ orange is sweet.

① a – The   ② an – The

③ the – An   ④ the – A

7 빈칸에 들어갈 말로 알맞은 것을 고르세요.

> We play _____.

① tennis

② a tennis

③ an tennis

④ the tennis

[8-9] 다음 중 **틀린** 문장을 고르세요.

8
① The moon shines.
② The sea is deep.
③ Math is interesting.
④ An earth is round.

9
① The hat is his.
② He is a farmer.
③ Patrick loves him son.
④ We invite him to the party.

10 다음 우리말을 영어로 바르게 옮긴 것을 고르세요.

나는 12시 30분에 점심을 먹는다.

① I have lunch at 12:30 p.m.
② I have a lunch at 12:30 p.m.
③ I have an lunch at 12:30 p.m.
④ I have the lunch at 12:30 p.m.

11 빈칸에 알맞은 인칭대명사를 쓰세요.

Mary puts a hairpin in _____ hair.

12 빈칸에 알맞은 관사를 쓰세요.

A: Look! There is a dog.
B: _____ dog is mine.

13 다음 문장에서 밑줄 친 부분을 인칭대명사로 바꿔 쓰세요.

I like <u>Amy and Ben</u>.

→ I like _____.

14 다음 우리말과 같은 뜻이 되도록 빈칸에 알맞은 말을 쓰세요.

너의 계획은 훌륭하다.

→ _____ plan is great.

15 다음 문장에서 **틀린** 부분을 찾아 바르게 고쳐 쓰세요.

Emma loves she father.

_____ → _____

정답은 p.127에서 확인할 수 있습니다.

UNIT 05 be동사 1

지난 Unit에서 배운 내용을 다시 확인해 보세요.

☆ 인칭대명사

주격(…은/는)	소유격(…의)	목적격(…을/를)	소유대명사(…의 것)
I	my	me	mine
you	your	you	yours
he	his	him	his
she	her	her	hers
we	our	us	ours
they	their	them	theirs
it	its	it	–

미리 보기

만화를 통해 이번 Unit에서 배울 내용을 미리 살펴보세요.

be동사의 형태와 쓰임

A Harry **is** a wizard. 해리는 마법사이다.

B His school **is** Hogwarts. 그의 학교는 호그와트이다.

C He learns magic there. 그는 그곳에서 마법을 배운다.

예문맛보기

A, B의 is는 be동사라고 해.

1 **동사**: 동사는 주어 뒤에 위치하여 주어의 **동작**이나 **상태**를 나타내는 말입니다. 우리말로는 '먹다', '가다', '…이다'와 같은 말들이 바로 동사입니다.

2 **be동사**: be동사는 '…이다', '…(에) 있다'라는 뜻을 가지고 있습니다. be동사는 주어에 따라 **am**, **are**, **is** 로 형태가 달라집니다.

Examples

I **am** a student. 나는 학생이다.

The birds **are** in the tree. 그 새들은 나무 위에 있다.

The sofa **is** wide. 그 소파는 넓다.

3 주어가 **단수명사**이거나 **셀 수 없는 명사**이면 **is**를, 주어가 **복수명사**이면 **are**를 씁니다.

Examples

[단수명사] *My father* **is** a doctor. 나의 아빠는 의사이다.

The kitten **is** very cute. 그 새끼 고양이는 매우 귀엽다.

[셀 수 없는 명사] *The water* **is** hot. 그 물은 뜨겁다.

Christmas **is** in December. 크리스마스는 12월에 있다.

[복수명사] *The books* **are** mine. 그 책들은 내 것이다.

Two kids **are** in the playground. 두 명의 아이들이 놀이터에 있다.

> 기억나?
> 단수는 하나를, 복수는 둘 이상을 가리키는 말이야.

CHECK UP

다음 중 be동사에 O 하세요.

are	have	old	is	do
all	good	am	the	an

WARM UP

A 다음 문장에서 be동사에 O 하세요.

1 Winter is cold.

2 The pen is mine.

3 Apples are sweet.

4 This skirt is big on me.

5 The chairs are strong.

6 The sky is clear.

7 Flowers are beautiful.

8 Three spiders are on the wall.

B ( ) 안에서 알맞은 것을 고르세요.

1 Amy (is / are) my friend.

2 The gloves (am / are) mine.

3 The singer (is / are) famous.

4 The water (am / is) very cold.

5 The books (is / are) in the box.

Vocabulary

A
winter 겨울
sweet 달콤한
strong 튼튼한, 강한
clear 맑은
beautiful 아름다운
spider 거미
wall 벽

B
gloves 장갑
singer 가수
cold 차가운, 추운

인칭대명사 주어와 be동사

A I **am** a teen idol. 나는 아이돌이다.

B I have many fans. 나에게는 많은 팬들이 있다.

C They **are** my everything. 그들은 나의 전부이다.

예문 맛보기

A와 C에서 I와 They 뒤에 각각 어떤 be동사가 쓰였는지 확인해 봐.

1 인칭대명사가 주어일 때, be동사는 주어의 **인칭**과 **수**에 따라 달라집니다.

	1인칭	2인칭	3인칭
단수	I **am**	You **are**	He **is** / She **is** / It **is**
복수	We **are**	You **are**	They **are**

Examples

I **am** a child. 나는 어린이다.
You **are** tall. 너는 키가 크다.
It **is** cheap. 그것은 값이 싸다.
They **are** kind. 그들은 친절하다.

> 기억나요!?
>
> 인칭대명사 중에서 문장에서 주어로 쓰이는 것을 주격이라고 하고 '…은/는'이라고 해석해.

2 인칭대명사가 주어일때, 주어와 be동사는 줄여 쓸 수 있습니다.

	1인칭	2인칭	3인칭
단수	I'm	You're	He's / She's / It's
복수	We're	You're	They're

Examples

I'm a girl. 나는 소녀다.
You're always late. 너는 항상 늦는다.

He's sick now. 그는 지금 아프다.
They're very different. 그들은 매우 다르다.

CHECK UP

다음 중 주어와 be동사가 바르게 연결된 것을 고르세요.

1 you - are   3 we - am   5 she - is
2 he - are   4 they - are   6 it - is

WARM UP

Vocabulary

A 다음 인칭대명사에 알맞은 be동사를 바르게 연결하세요.

1 she   •

2 he   •

3 they •   • a am

4 I   •   • b are

5 it   •   • c is

6 you   •

B 다음 밑줄 친 부분의 줄임형으로 알맞은 것을 고르세요.

1 <u>I am</u> alone.   (I'm / I's)

2 <u>We are</u> different.   (We're / We'are)

3 <u>They are</u> very kind.   (They's / They're)

4 <u>He is</u> at a coffee shop.   (Hes' / He's)

5 <u>She is</u> funny and nice.   (She's / Sh'es)

6 <u>You are</u> a good daughter.   (You're / You'are)

7 <u>It is</u> my favorite restaurant. (It's / Its')

B
alone 혼자인
different 다른
coffee shop 커피숍
funny 재미있는
favorite
매우 좋아하는

 ( ) 안에서 알맞은 것을 고르세요.

A
late 늦은
king 왕
wise 현명한
island 섬
fresh 신선한
grandparents
조부모님
sharp 날카로운

1 We (is / are) late.

2 The king (is / are) wise.

3 Hawaii (is / are) an island.

4 The milk (is / are) very fresh.

5 They (is / are) my grandparents.

6 The tiger's teeth (is / are) sharp.

B 다음 우리말과 같은 뜻이 되도록 빈칸에 알맞은 be동사를 쓰세요.

B
honest 정직한
same 같은
class 학급, 반
air 공기
quiet 조용한
place 장소

1 그의 머리카락은 길다.

→ His hair _____ long.

2 그 소년은 정직하다.

→ The boy _____ honest.

3 우리는 같은 반이다.

→ We _____ in the same class.

4 공기가 차갑다.

→ The air _____ cold.

5 도서관은 조용한 장소이다.

→ Libraries _____ quiet places.

58 ▪ UNIT 05

C be동사가 들어갈 위치에 ✓ 하고, 알맞은 be동사를 빈칸에 쓰세요.

1 I ① from ② Korea ③. _____

2 It ① a ② big ③ monster. _____

3 The ① tea ② from ③ China. _____

4 My ① uncles ② police officers ③. _____

5 The ① apple tree ② very ③ tall. _____

6 The ① sandwiches ② our ③ lunch. _____

D 다음 표를 보고 be동사를 이용하여 문장을 완성하세요.

Name	Job	Country
Angela	English teacher	England
Daniel	English teacher	Australia

1 Angela and Daniel _____ my new English teachers.

2 Angela _____ from _____.

3 Daniel _____ from _____.

4 They _____ very kind.

Vocabulary

C
monster 괴물
tea 홍차, 티
police officer 경찰관

D
job 직업
country 나라, 국가
England 영국
Australia 호주

E 다음 밑줄 친 부분을 줄임형으로 바꿔 문장을 다시 쓰세요.

E
lovely 사랑스러운
parking lot 주차장
story 이야기

1 <u>I am</u> sick now.

→ _____

2 <u>She is</u> a lovely girl.

→ _____

3 <u>We are</u> at the parking lot.

→ _____

4 <u>It is</u> a great story.

→ _____

F 다음 그림을 보고 주어진 말과 be동사를 이용하여 문장을 완성하세요.

F
dirty 더러운
round 둥근
dress 드레스, 원피스
pianist 피아니스트

1 _____His feet are_____ dirty. (his feet)

2 _____ round. (the table)

3 _____ beautiful. (her dress)

4 _____ a pianist. (she)

A ( ) 안에서 알맞은 것을 고르고, 문장을 우리말로 해석하세요.

Vocabulary

A
lazy 게으른
lucky 운이 좋은
actress 여배우

1 He (am / is) lazy.

→ _____

2 You (is / are) a lucky girl.

→ _____

3 The pens (is / are) blue.

→ _____

4 The actress (is / are) tall and pretty.

→ _____

B 주어진 말을 이용하여 우리말에 맞게 영작하세요.

B
smart 똑똑한
weather 날씨
math 수학
monkey 원숭이
cage 우리

1 나는 배고프다. (I, hungry)

→ _____

2 너는 똑똑하다. (you, smart)

→ _____

3 날씨가 좋다. (the weather, nice)

→ _____

4 그는 나의 수학 선생님이다. (he, my math teacher)

→ _____

5 그 원숭이들은 우리 안에 있다. (the monkeys, in the cage)

→ _____

나의 잠자는 모습은?

친구들이 자는 모습이 저마다 다르네요. 나의 잠자는 모습은 어떤가요?

A 통나무 자세	모든 일을 느긋하게 생각하고 행동하며 사교성이 좋아요. 주위에는 항상 친구들이 많이 있죠.
B 차렷 자세	조용하고 인내심이 많은 편이에요. 그래서 한 번 마음먹은 일은 끝까지 해내요.
C 'ㄱ' 자세	활달하지만 잘 토라지는 편이에요. 대신 조금만 애교를 부리면 금방 화가 풀리는 성격이지요.
D 엎드린 자세	사교적이고 열정적인 편이에요. 가만히 앉아 시간 보내는 것을 제일 싫어해서 항상 새로운 일을 꾸미죠.
E 불가사리 자세	남의 말을 잘 들어주고 다른 사람을 잘 도와주는 다정한 성격이에요.
F 아기 자세	겉으로는 강하지만 사실은 예민한 편이에요. 작은 소리에도 잘 놀라지요. 처음 만나는 친구에게는 부끄러움을 잘 타지만 곧 친해져요.

be동사 2: 부정문과 의문문

다시 보기

지난 Unit에서 배운 내용을 다시 확인해 보세요.

☆ be동사

I **am** a student. 나는 학생이다.

The birds **are** in the tree. 그 새들은 나무 위에 있다.

The water **is** hot. 그 물은 뜨겁다.

☆ 인칭대명사 주어와 be동사

I **am** a child. 나는 어린이다. (= I'm a child.)

You **are** tall. 너는 키가 크다. (= You're tall.)

It **is** cheap. 그것은 값이 싸다. (= It's cheap.)

They **are** kind. 그들은 친절하다. (= They're kind.)

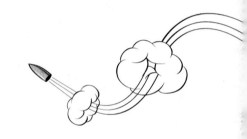

미리 보기

만화를 통해 이번 Unit에서 배울 내용을 미리 살펴보세요.

부정문 만들기: be동사

A Thor **is not** a human. 토르는 사람이 아니다.

B He is a god. 그는 신이다.

C He has a hammer. 그는 망치 하나를 가지고 있다.

D It **isn't** heavy for him. 그것은 그에게 무겁지 않다.

예문 맛보기

be동사의 부정은 A처럼 be동사 뒤에 not을 써. D의 isn't처럼 줄여서 쓸 수도 있어.

1 be동사의 부정문은 be동사 뒤에 not을 붙인 「**주어+be동사+not ….**」의 형태입니다. '**…이 아니다**', '**…이 없다**'라고 해석합니다.

I am happy. → I am ^{not} happy.　　　He is a doctor. → He is ^{not} a doctor.
나는 행복하다.　　나는 행복하지 않다.　　　　그는 의사이다.　　　그는 의사가 아니다.

Examples

I **am not** angry. 나는 화나지 않았다.

She **is not** my aunt. 그녀는 나의 이모가 아니다.

They **are not** reporters. 그들은 기자들이 아니다.

The boxes **are not** heavy. 그 상자들은 무겁지 않다.

2 이때, **be동사와 not**은 주로 줄여 씁니다. 단, am과 not은 줄여 쓸 수 없습니다.

is+not → **isn't**　　　are+not → **aren't**

Examples

He **isn't** cold. 그는 춥지 않다.

It **isn't** a mouse. 그것은 쥐가 아니다.

You **aren't** short. 너는 키가 작지 않다.

We **aren't** singers. 우리는 가수가 아니다.

BUDDY'S TIPS
you're not, he's not처럼
인칭대명사 주어와 be동사의 줄임형
뒤에 not을 붙이기도 해.

CHECK UP

다음 중 be동사의 부정문에 ✓ 하세요.

1 He is a farmer. ☐

2 Black coffee is not sweet. ☐

3 They aren't students. ☐

4 The books are not interesting. ☐

WARM UP

A 다음 문장에서 not이 들어갈 위치에 ✓ 하세요.

1 I ① am ② Peter.

2 Jennifer ① is ② angry.

3 Giraffes ① are ② short ③.

4 They ① are ② reporters.

5 The ① water ② is ③ hot.

6 The ① women ② are ③ my aunts.

7 *Avatar* ① is ② a ③ comedy movie.

Vocabulary

A

angry 화난
giraffe 기린
short 짧은, 키가 작은
reporter 기자
hot 더운, 뜨거운
aunt 고모, 이모
comedy movie
코미디 영화

B 다음 문장의 밑줄 친 부분을 줄임형으로 쓰세요.

1 It <u>is not</u> a tulip. → _____

2 <u>You are not</u> weak. → _____

3 Anna <u>is not</u> young. → _____

4 <u>He is not</u> a fisherman. → _____

5 <u>We are not</u> in the library. → _____

6 <u>They are not</u> my friends. → _____

B

tulip 튤립
weak 약한
young 어린
fisherman 어부
library 도서관

의문문 만들기: be동사

A **Is he** a movie star? 그는 영화배우니?

B **Yes**, he **is**. 응, 그는 영화배우야.

C **Is he** handsome? 그는 잘생겼니?

D **No**, he **isn't**. 아니, 그는 잘생기진 않았어.

예문맛보기

be동사의 의문문은 A, C처럼 be동사가 문장 맨 앞에 나와. B, D는 be동사의 의문문에 대한 대답이지.

1 be동사의 의문문은 「be동사+주어 …?」의 형태이며, '…이니?', '…이 있니?'라고 해석합니다.

You are sick. 너는 아프다.   The soup is spicy. 그 수프는 맵다.

Are you sick? 너는 아프니?   **Is the soup** spicy? 그 수프는 맵니?

Examples

Am I wrong? 내가 틀렸니?   **Are they** firefighters? 그들이 소방관이니?

Is he home? 그가 집에 있니?   **Are the buildings** old? 그 건물들이 오래됐니?

2 be동사의 의문문에는 다음과 같이 대답합니다. 부정 대답에서는 주로 be동사와 not을 줄여 씁니다.

긍정 대답	부정 대답
Yes, 주어+**be동사**.	**No**, 주어+**be동사**+**not**.

> **BUDDY'S TIPS**
> 긍정 대답에서는 주어와 be동사를 줄여서 말하지 않아!

Examples

A: **Is he** famous? 그는 유명하니?
B: **Yes**, he **is**. 응, 유명해. / **No**, he **isn't**. 아니, 안 유명해.

A: **Are they** students? 그들은 학생이니?
B: **Yes**, they **are**. 응, 맞아. / **No**, they **aren't**. 아니, 아니야.

3 의문문의 주어가 대명사가 아닌 일반명사일 때, 대답은 그 명사를 적절한 대명사로 바꿔서 합니다.

Examples

A: Is **the scarf** cheap? 그 스카프는 값이 싸니?   B: Yes, **it** is. 응, 그래. (it = the scarf)

A: Are **the doctors** busy? 그 의사들은 바쁘니?   B: No, **they** aren't. 아니, 안 바빠. (they = the doctors)

WARM UP

A 다음 빈칸에 알맞은 be동사를 쓰세요.

1 _____ I wrong?

2 _____ you sad?

3 _____ the boys brave?

4 _____ the buildings tall?

5 _____ the black dog theirs?

6 _____ the man your teacher?

7 _____ the strawberries sweet?

B ( ) 안에서 알맞은 것을 고르세요.

1 A: Is the lake deep?
   B: Yes, it (is / isn't).

2 A: Are the pencils new?
   B: Yes, they (are / aren't).

3 A: Are you a student?
   B: No, I (am / am not).

4 A: Are you and James cousins?
   B: No, we (are / aren't).

5 A: Is your father a police officer?
   B: No, he (is / isn't).

A
wrong 틀린, 잘못된
brave 용감한
building 건물
strawberry 딸기

B
lake 호수
deep 깊은
cousin 사촌

A ( ) 안에서 알맞은 것을 고르세요.

1 (Is / Are) Cathy a baker?

2 He (is not / not is) a farmer.

3 The smartphone (isn't / aren't) new.

4 (Am / Are) you and Joe Americans?

5 The books (not are / are not) interesting.

6 A: (Am / Are) I pretty?   B: Yes, (you're / you are).

7 A: (Is / Are) your sister thin?   B: No, (she / he) isn't.

A
baker 제빵사
farmer 농부
smartphone
스마트폰
American 미국인
interesting 재미있는
pretty 예쁜
thin 마른

B 다음 그림을 보고 빈칸에 알맞은 말을 쓰세요.

1

They _____
children.

2

He _____
a doctor.

3

We _____
musicians.

4

It _____ a
guitar.

C 다음 빈칸에 알맞은 말을 쓰세요.

1 A: _____ she alone?

B: No, she _____.

2 A: _____ you hungry?

B: Yes, I _____.

3 A: _____ they comedians?

B: No, they _____.

4 A: _____ the elephant big?

B: Yes, it _____.

D 우리말과 같은 뜻이 되도록 〈보기〉의 말을 이용하여 문장을 완성하세요.

〈보기〉 the melons	the truck
the toilet	the stories

1 그 트럭은 흰색이니?

→ _____ white?

2 그 멜론들은 신선하니?

→ _____ fresh?

3 그 화장실은 깨끗하지 않다.

→ _____ clean.

4 그 이야기들은 재미있지 않다.

→ _____ funny.

Vocabulary

C
hungry 배고픈
comedian 코미디언
elephant 코끼리

D
melon 멜론
truck 트럭
toilet 화장실
clean 깨끗한

E 다음 문장을 줄임형을 사용하여 다시 쓰세요.

1 The sky is not blue.

→ The sky _____ .

2 We are not in New York.

→ We _____ .

3 Tim is not my classmate.

→ Tim _____ .

4 You are not a cook.

→ You _____ .

Vocabulary

E
classmate 반 친구
cook 요리사

F 다음 그림을 보고 빈칸에 알맞은 말을 쓰세요.

F
rose 장미
blond 금발인
tasty 맛있는

1 A: _____Is_____ Brian a singer?

B: _____Yes_____ , _____ _____ .

2 A: _____ the roses red?

B: _____ , _____ _____ .

3 A: _____ the boy blond?

B: _____ , _____ _____ .

4 A: _____ the hamburger tasty?

B: _____ , _____ _____ .

A

다음 문장을 ( ) 안의 지시대로 바꿔 쓰세요.

1 It is an eagle. (의문문)

→ _____

2 Kevin is from Italy. (부정문)

→ _____

3 They are vampires. (의문문)

→ _____

4 He is a Hollywood star. (부정문)

→ _____

5 Miranda and Kate are models. (의문문)

→ _____

B

다음 문장에서 밑줄 친 부분을 고쳐 문장을 다시 쓰세요.

1 The hamsters <u>not are</u> big.

→ _____

2 <u>Tom is</u> a firefighter?

→ _____

3 I <u>amn't</u> a robot.

→ _____

4 Kangaroos <u>isn't</u> from China.

→ _____

Vocabulary

A
eagle 독수리
Italy 이탈리아
vampire 흡혈귀
Hollywood 할리우드
model 모델

B
hamster 햄스터
firefighter 소방관
robot 로봇
kangaroo 캥거루

1 다음 중 줄임형이 틀린 것을 고르세요.

① I'm

② We's

③ He's

④ You're

[2-3] 빈칸에 들어갈 수 없는 것을 고르세요.

2

_____ is busy.

① She

② Jack

③ The men

④ The doctor

3

_____ are clean.

① Water

② Its feet

③ My hands

④ The rooms

4 빈칸에 들어갈 말이 다른 하나를 고르세요.

① It _____ exciting.

② They _____ bears.

③ You _____ my friends.

④ We _____ soccer players.

5 다음 문장을 의문문으로 바르게 바꾼 것을 고르세요.

Onions are spicy.

① Spicy onions are?

② Onions spicy are?

③ Are spicy onions?

④ Are onions spicy?

6 다음 우리말을 영어로 바르게 옮긴 것을 고르세요.

그 시험은 어렵지 않다.

① The test not is difficult.

② The test not are difficult.

③ The test is not difficult.

④ The test are not difficult.

7 빈칸에 들어갈 말로 알맞은 것을 고르세요.

A: Are the balls yours?
B: No, they _____.

① is   ② isn't

③ are   ④ aren't

All our dreams can come true,
if we have the courage to pursue them.
– Walt Disney

8 다음 중 의미가 <u>다른</u> 문장을 고르세요.

① They're police officers.

② They're not police officers.

③ They aren't police officers.

④ They are not police officers.

[9-10] 다음 중 <u>틀린</u> 문장을 고르세요.

9 ① The prince is brave.

② The book is very thick.

③ The cameras is heavy.

④ The moon is beautiful.

10 ① I amn't sick.

② He isn't short.

③ She's not rich.

④ You aren't alone.

11 빈칸에 공통으로 들어갈 말을 쓰세요.

• _____ the shirt pink?

• The dress _____ long.

12 빈칸에 알맞은 말을 쓰세요.

A: _____ Peter a teacher?

B: No, _____ isn't.

13 다음 문장에서 <u>틀린</u> 부분을 찾아 바르게 고쳐 쓰세요.

Liam and Amy is neighbors.

_____ → _____

14 다음 문장의 밑줄 친 부분을 줄임형으로 쓰세요.

<u>It is not</u> a frog.

→ _____ a frog.

15 다음 우리말과 같은 뜻이 되도록 ( ) 안의 말을 바르게 배열하세요.

그녀는 유명한 기자이니?
(she / a famous reporter / is)

→ _____

풀어 봐, 넌센스 퀴즈!

1. 우유가 넘어지면?

2. 눈(eye)에 동상 걸린 사람을 네 글자로 하면?

3. 세상에서 가장 똑똑한 새는?

깎아드려요!!

4. 손님에게 깎아주려고 애쓰는 가게는?

5. 짱구와 오징어의 차이점은?

정답 1. 아야어여 2. 아이엠얼음 3. 우리새 4. 미용실 5. 짱구는 못 말려

UNIT 07 일반동사 1

다시 보기

지난 Unit에서 배운 내용을 다시 확인해 보세요.

☆ **be동사의 부정문**

I **am not** angry. 나는 화나지 않았다.

He **isn't** cold. 그는 춥지 않다.

We **aren't** singers. 우리는 가수가 아니다.

The boxes **are not** heavy. 그 상자들은 무겁지 않다.

☆ **be동사의 의문문**

A: **Is he** famous? 그는 유명하니?

B: **Yes**, he **is**. 응, 유명해. / **No**, he **isn't**. 아니, 안 유명해.

A: **Are they** students? 그들은 학생이니?

B: **Yes**, they **are**. 응, 맞아. / **No**, they **aren't**. 아니, 아니야.

미리 보기

만화를 통해 이번 Unit에서 배울 내용을 미리 살펴보세요.

일반동사의 의미

A Sam and I are good friends. 샘과 나는 좋은 친구이다.
B We **go** to school together. 우리는 함께 학교에 간다.
C We **do** our homework together. 우리는 숙제를 함께 한다.

예문 맛보기

B의 go, C의 do는 일반동사라고 해. 일반동사에는 어떤 것들이 있는지 알아보자!

1 **일반동사**는 주어의 **동작**이나 **상태**를 표현하며, '…**하다**'라는 의미를 가집니다.

Examples

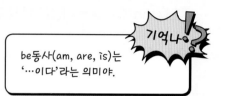

Flowers **smell** nice. 꽃은 향기가 좋다.
They **live** in a big house. 그들은 큰 집에 산다.
We **eat** cereal for breakfast. 우리는 아침으로 시리얼을 먹는다.
Fiona and Shrek **speak** slowly. 피오나와 슈렉은 말을 느리게 한다.

기억나!

be동사(am, are, is)는
'…이다'라는 의미야.

2 일반동사에는 다음과 같은 것들이 있습니다.

Examples

eat 먹다	wash 씻다	run 달리다	drink 마시다	sleep 자다
sit 앉다	play 놀다	wear 입다	live 살다	have 가지다
feel 느끼다	go 가다	know 알다	come 오다	like 좋아하다

PLUS 한 문장에 동사는 한 개!

한 문장에서 동사는 하나만 있어야 합니다. 일반동사가 있는 문장에서 be동사를 쓰거나, 동사를 두 개 이상 쓰지 않도록 주의하세요.

I am hate frogs. (X)   I hate frogs. (O) 나는 개구리를 싫어한다.
I like watch movies. (X)   I like movies. (O) 나는 영화를 좋아한다.

CHECK UP

다음 동사의 뜻을 쓰세요.

1 sleep _____   3 sit _____   5 run _____
2 make _____   4 drink _____   6 help _____

WARM UP

A 다음 중 일반동사가 쓰인 문장에 ✓ 하세요.

1 They cook well. ☐

2 Flowers smell good. ☐

3 It is a comic book. ☐

4 We are zookeepers. ☐

5 It is a great restaurant. ☐

6 Rabbits have long ears. ☐

A
cook 요리하다
comic book 만화책
zookeeper
동물원 사육사
restaurant
식당, 레스토랑
ear 귀

B 다음 문장에서 일반동사에 O 하세요.

1 They run fast.

2 I wear gloves.

3 Horses eat grass.

4 We usully drink tea.

5 I feel hungry at night.

6 My parents work in a hospital.

7 Susan and I go to church on Sundays.

8 We make dinner together on weekends.

B
fast 빠르게
grass 풀, 잔디
usually 보통, 대개
hospital 병원
church 교회
on weekends
주말에

일반동사의 3인칭 단수형

A Patrick **likes** computer games. 패트릭은 컴퓨터 게임을 좋아한다.

B He always **plays** them. 그는 항상 게임을 한다.

C His mother **worries** about him. 그의 엄마는 그에 대해 걱정한다.

예문 맛보기

A~C에서 왜 like, play, worry가 아니라 likes, plays, worries가 쓰였을까?

1 일반동사는 주어가 3인칭 단수일 때 형태가 달라집니다. 이렇게 바뀐 형태를 동사의 **3인칭 단수형**이라고 합니다. 3인칭 단수형을 만드는 방법은 일반동사가 어떤 철자로 끝나는지에 따라 다릅니다.

동사의 형태	규칙	Examples
대부분의 동사	동사원형+-**s**	like**s** swim**s** dance**s** wait**s** help**s**
-s, -x, -ch, -sh, 「자음+o」로 끝나는 동사	동사원형+-**es**	pass**es** fix**es** watch**es** wash**es** go**es** do**es**
「자음+y」로 끝나는 동사	-y → -**ies**	cr**ies** stud**ies** tr**ies** fl**ies** dr**ies**
have (불규칙)	-	**has**

Examples

She often **cries**. 그녀는 종종 운다.

The box **looks** heavy. 그 상자는 무거워 보인다.

He **watches** TV at night. 그는 밤에 TV를 본다.

2 주어가 3인칭 단수가 아닌 경우 동사원형을 사용합니다.

BUDDY'S TIPS
동사원형은 동사의 기본 형태를 말해.

Examples

I **play** volleyball. 나는 배구를 한다.

They **have** lunch at two. 그들은 두 시에 점심을 먹는다.

Mandy and Jack **work** in a bank. 맨디와 잭은 은행에서 일한다.

PLUS 3인칭 단수

3인칭 단수란 '나', '너'를 제외한 한 사람이나 하나의 사물을 말합니다. he, she, it과 같은 대명사뿐만 아니라, Mary, a chair 같은 것들도 포함해요.

WARM UP

A 다음 주어에 알맞은 동사를 바르게 연결하세요.

1 She   •

2 I   •

3 Her brothers •   • a smile.

4 William   •   • b smiles.

5 Students   •

6 The girl   •

B 다음 동사의 3인칭 단수형으로 알맞은 것을 고르세요.

1	tell	① tells	② telles
2	dry	① drys	② dries
3	fix	① fixs	② fixes
4	do	① dos	② does
5	have	① has	② haves
6	wash	① washes	② washs
7	cry	① cryes	② cries

A ( ) 안에서 알맞은 것을 고르세요.

1 A spider (has / haves) eight legs.

2 The bird (fly / flies) high.

3 We (need / needs) money.

4 The ship (carrys / carries) oil.

5 Blair (speak / speaks) English.

6 Robert (catches / catchs) a taxi.

7 He (finishs / finishes) work at 7 p.m.

8 She (drys / dries) her hair with a hairdryer.

Vocabulary

A
fly 날다
need 필요로 하다
carry
나르다, 운반하다
oil 기름
catch a taxi
택시를 잡다
finish 끝내다
hairdryer
헤어드라이어

B 다음 표를 보고 빈칸에 알맞은 말을 쓰세요.

	Like	Hate
I	science	math
Joe	English	art

B
hate 싫어하다
science 과학
math 수학
art 미술

1 I _____like_____ science.

2 Joe _____ English.

3 I _____ math.

4 Joe _____ art.

C 다음 그림을 보고 주어진 단어를 이용하여 빈칸에 알맞은 말을 쓰세요.

1 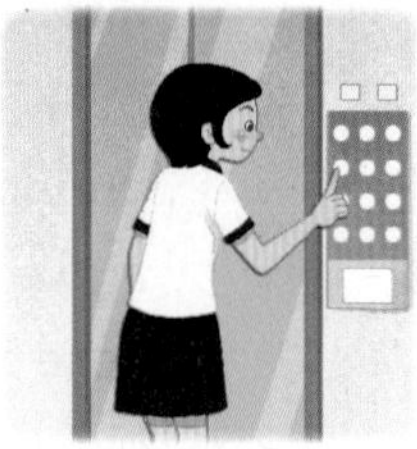

push

Anna __________ the button.

2 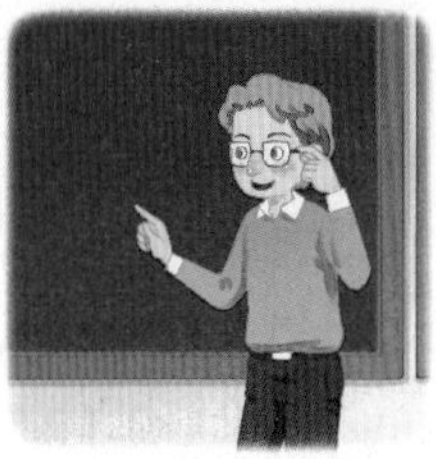

wear

He __________ glasses.

3 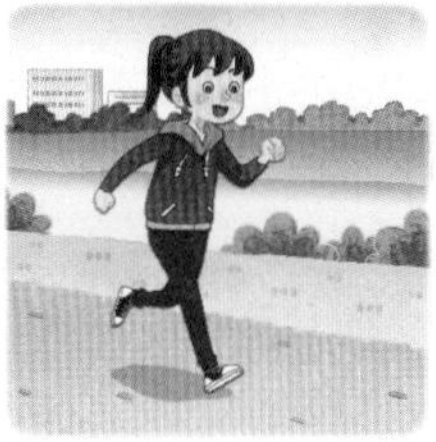

run

She __________ every day.

4 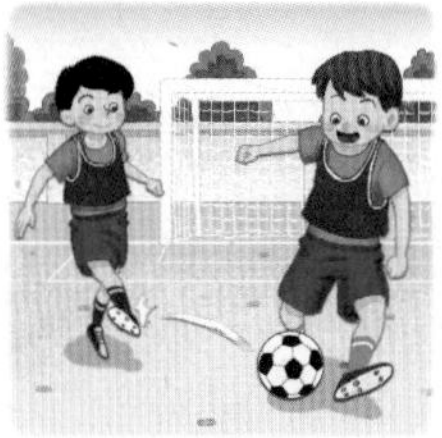

pass

Peter __________ the ball.

D 우리말과 같은 뜻이 되도록 〈보기〉의 단어를 이용하여 문장을 완성하세요.

〈보기〉 come　　like　　watch　　visit

1 어린이들은 장난감을 좋아한다.

→ Children ____________ toys.

2 산타클로스가 오늘 밤에 온다.

→ Santa Claus ____________ tonight.

3 그녀는 그녀의 할아버지를 종종 방문한다.

→ She ____________ her grandfather often.

4 저스틴은 주말에 영화를 관람한다.

→ Justin ____________ movies on weekends.

Vocabulary

C

push 누르다
button 버튼
glasses 안경
every day 매일
pass (공을) 패스하다

D

toy 장난감
tonight 오늘 밤에
grandfather 할아버지
often 종종, 자주
weekend 주말

E 주어진 단어를 빈칸에 알맞은 형태로 쓰세요.

1 Kate and I _____ cheesecakes. (make)

2 Bears _____ during winter. (sleep)

3 The train _____ at six o'clock. (arrive)

4 Pinocchio _____ a long nose. (have)

5 My sister _____ to school by bus. (go)

F 다음 해리의 일과표를 보고 빈칸에 알맞은 말을 쓰세요.

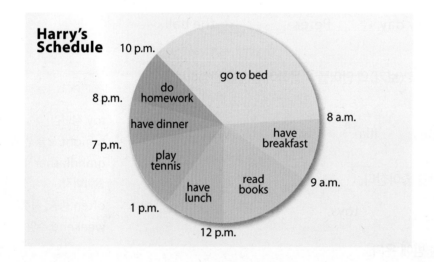

Harry's Schedule
10 p.m. — go to bed
8 a.m. — have breakfast
9 a.m.
12 p.m.
1 p.m. — have lunch
read books
7 p.m. — play tennis
have dinner
8 p.m. — do homework

1 Harry _____ breakfast at 8 a.m.

2 He _____ books after breakfast.

3 He _____ tennis in the afternoon.

4 After dinner, he _____ his homework.

A 다음과 같이 주어를 바꿀 때, 동사에 유의하여 문장을 다시 쓰세요.

1 Paul and Mary study hard.

→ Paul _____ .

2 The women wash carrots.

→ The woman _____ .

3 The girls drink orange juice.

→ The girl _____ .

4 The students learn English at school.

→ The student _____ .

B 다음 문장에서 밑줄 친 부분을 고쳐 문장을 다시 쓰세요.

1 He <u>ride</u> a bicycle.

→ _____

2 She <u>brushs</u> her teeth.

→ _____

3 This tree <u>grow</u> in warm weather.

→ _____

4 My brother <u>come</u> home early.

→ _____

5 The dancers <u>drinks</u> a lot of water.

→ _____

Vocabulary

A
hard 열심히
carrot 당근
learn 배우다

B
ride 타다
brush one's teeth
양치질을 하다
grow 자라다
warm 따뜻한
early 일찍
a lot of 많은

Word Search

다음 단어의 뜻을 적어보고, 아래에서 찾아보세요.

hospital _____   tell _____   bear _____

hate _____   wash _____   warm _____

B	B	G	Z	N	P	M	W	H	D
E	N	K	D	V	J	T	W	T	X
R	I	M	K	A	B	E	A	R	W
L	H	N	O	P	A	L	S	Z	A
E	T	E	Z	Q	S	L	H	I	R
H	A	T	E	Z	H	Y	N	H	M
E	T	B	C	H	L	Y	F	Y	K
C	H	O	S	P	I	T	A	L	E
A	C	H	M	Z	M	W	L	A	O
O	H	C	C	L	W	R	Z	U	N

정답

hospital: 병원   tell: 말하다   hate: 싫어하다   bear: 곰   wash: 씻다   warm: 따뜻한

UNIT 08
일반동사 2: 부정문과 의문문

 **다시 보기**

지난 Unit에서 배운 내용을 다시 확인해 보세요.

☆ 일반동사

eat 먹다	wash 씻다	run 달리다	drink 마시다	sleep 자다
sit 앉다	play 놀다	wear 입다	live 살다	have 가지다

☆ 일반동사의 형태

I **play** volleyball. 나는 배구를 한다.

He **watches** TV at night. 그는 밤에 TV를 본다.

They **have** lunch at two. 그들은 두 시에 점심을 먹는다.

The box **looks** heavy. 그 상자는 무거워 보인다.

 **미리 보기**

만화를 통해 이번 Unit에서 배울 내용을 미리 살펴보세요.

부정문 만들기: 일반동사

Kevin The lion

A I **don't** have a heart. 나는 심장이 없다.

B Kevin **doesn't** have a brain. 케빈은 뇌가 없다.

C The lion **doesn't** have courage. 사자는 용기가 없다.

예문 맛보기

A의 don't와 B, C의 doesn't는 일반동사의 부정문을 나타낼 때 필요한 말이야.

1 일반동사의 부정문은 do의 도움을 받아 만듭니다. 「**주어+do not+동사원형** ….」의 형태이며, '(…은) ~ **하지 않는다**'라고 해석합니다. 주어가 3인칭 단수일 때는 do 대신 **does**를 써서 「**주어+does not+동 사원형** ….」으로 나타냅니다.

I watch TV. 나는 TV를 본다.　　　　　　He sings. 그는 노래한다.

I **do not** watch TV. 나는 TV를 보지 않는다.　　He **does not** sing. 그는 노래하지 않는다.

Examples

I **do not like** roses. 나는 장미를 좋아하지 않는다.

The boys **do not cry**. 그 소년들은 울지 않는다.

She **does not drink** soda. 그녀는 탄산음료를 마시지 않는다.

My uncle **does not live** here. 나의 삼촌은 이곳에 살지 않는다.

2 do not과 does not은 줄여 쓸 수 있습니다.

> do+not → **don't**　　does+not → **doesn't**

Examples

I **don't** like science. 나는 과학을 좋아하지 않는다.

They **don't** study Spanish. 그들은 스페인어를 공부하지 않는다.

Paul **doesn't** read books. 폴은 책을 읽지 않는다.

He **doesn't** work on weekends. 그는 주말에 일하지 않는다.

CHECK UP

다음 중 일반동사의 부정문에 ✓ 하세요.

1 We do not get up late. ☐　　**3** The girl is not my sister. ☐

2 I'm not a soccer player. ☐　　**4** Nancy doesn't play music. ☐

WARM UP

A 다음 빈칸에 들어갈 말로 알맞은 것에 ✓ 하세요.

1 I _____ like roses. ☐ do not ☐ does not

2 The dog _____ bark. ☐ do not ☐ does not

3 You _____ wear glasses. ☐ do not ☐ does not

4 She _____ drink soda. ☐ do not ☐ does not

5 He _____ wash his hands. ☐ do not ☐ does not

6 They _____ speak Chinese. ☐ do not ☐ does not

A
bark 짖다
soda 탄산음료
hand 손
Chinese 중국어

B 다음 그림을 보고 ( ) 안에서 알맞은 것을 고르세요.

1

She (plays / doesn't play) golf.

2

She (plays / doesn't play) golf.

B
golf 골프
comic book 만화책

3

I (read / don't read) a comic book.

4

I (read / don't read) a comic book.

의문문 만들기: 일반동사

A **Do** you **like** Tiffany?　너 티파니 좋아하니?

B **Yes**, I **do**.　응, 좋아해.

C **Does** she **like** you?　그녀도 널 좋아하니?

D **No**, she **doesn't**.　아니, 안 좋아해.

예문 맛보기

A와 C처럼 일반동사의 의문문은 Do나 Does로 시작해!

1 일반동사의 의문문은 「**Do + 주어 + 동사원형** …?」의 형태이며, '…은 ~하니?'라고 해석합니다. 주어가 3인칭 단수일 때는 Do 대신 **Does**를 써서 「**Does + 주어 + 동사원형** …?」으로 나타냅니다.

You have an eraser. 너는 지우개가 있다.　　She goes home. 그녀는 집에 간다.

Do you have an eraser? 너는 지우개가 있니?　　**Does** she go home? 그녀는 집에 가니?

Examples

Do they **know** you? 그들이 너를 아니?

Do the children **believe** in Santa Claus? 그 아이들은 산타클로스를 믿니?

Does he **run** fast? 그는 빠르게 달리니?

Does Ann **have** a smartphone? 앤은 스마트폰을 가지고 있니?

2 일반동사의 의문문에는 다음과 같이 대답합니다.

긍정 대답	부정 대답
Yes, 주어 + **do/does**.	**No**, 주어 + **don't/doesn't**.

> 기억나!?
> 의문문의 주어가 일반명사일 때는, 대명사로 바꿔서 대답한다는 것 배웠지?

Examples

A: **Do** you **like** pizza? 너는 피자를 좋아하니?

B: **Yes**, I **do**. 응, 좋아해. / **No**, I **don't**. 아니, 안 좋아해.

A: **Does** James **sleep** early? 제임스는 일찍 자니?

B: **Yes**, he **does**. 응, 일찍 자. / **No**, he **doesn't**. 아니, 일찍 안 자.

CHECK UP

다음 중 일반동사의 의문문에 ✓ 하세요.

1 Are you hungry?　☐　　**3** Do you need money?　☐

2 Does he study hard?　☐　　**4** Is Elizabeth your sister?　☐

WARM UP

A 다음 빈칸에 Do나 Does 중 알맞은 것을 쓰세요.

1 _____ they play baseball?

2 _____ he speak Spanish?

3 _____ you go home?

4 _____ Kelly wear caps?

5 _____ she like pizza?

6 _____ they know you?

7 _____ the music sound nice?

B 다음 질문에 대한 대답으로 알맞은 것에 ✓ 하세요.

1 Does he go to church?

☐ Yes, he does. ☐ No, he does.

2 Does she have an umbrella?

☐ Yes, she doesn't. ☐ No, she doesn't.

3 Does the moon change?

☐ Yes, it does. ☐ Yes, he does.

4 Do we have an empty box?

☐ No, we don't. ☐ No, we doesn't.

A ( ) 안에서 알맞은 것을 고르세요.

1 (Are / Do) you walk to school?

2 They (aren't / don't) swim.

3 The dog (don't / doesn't) bite.

4 (Is / Does) Silvia like comedy movies?

5 Do the girls (learn / learns) science?

6 Does the frog (jump / jumps) high?

7 Steve (isn't / doesn't) keep a diary.

8 My sister and I (don't / doesn't) fight.

A
walk 걷다
bite 물다
jump 뛰다, 점프하다
high 높이
keep a diary
일기를 쓰다
fight 싸우다

B 우리말과 같은 뜻이 되도록 주어진 단어를 이용하여 문장을 완성하세요. (줄임형으로 쓰세요.)

1 그들은 잠을 많이 자지 않는다. (sleep)

 →They _____ _____ much.

2 피노키오는 거짓말을 하지 않는다. (lie)

 → Pinocchio _____ _____ .

3 그 식당은 파스타를 팔지 않는다. (sell)

 →The restaurant _____ _____ pasta.

4 타잔과 제인은 도시에 살지 않는다. (live)

 →Tarzan and Jane _____ _____ in the
 city.

B
sleep 자다
much 많이
lie 거짓말하다
sell 팔다
city 도시

C 다음 그림을 보고 〈보기〉의 단어를 이용하여 빈칸에 알맞은 말을 쓰세요.

〈보기〉 drive   cry   teach   use

1 _____ the baby _____?

2 _____ you _____ a laptop?

3 _____ your father _____ a truck?

4 _____ the teacher _____ Japanese?

C
drive 운전하다
use 사용하다
laptop 노트북,
휴대용 컴퓨터
truck 트럭
Japanese 일본어

D 다음 질문을 보고 ( ) 안의 지시대로 빈칸에 알맞은 대답을 쓰세요.

1 A: Do penguins eat fish?

   B: _____Yes_____, _____they_____ _____do_____. (O)

2 A: Does Emma paint well?

   B: _____, _____. (O)

3 A: Do you and Karen play hockey?

   B: _____, _____ _____. (X)

4 A: Does Paul do the laundry?

   B: _____, _____ _____. (X)

D
penguin 펭귄
paint 그림을 그리다
hockey 하키
do the laundry
빨래를 하다

E 다음 문장을 의문문으로 바꿀 때 빈칸에 알맞은 말을 쓰세요.

1 They raise sheep.

→ _____ _____ _____ sheep?

2 He takes a train.

→ _____ _____ _____ a train?

3 She cleans her desk.

→ _____ _____ _____ her desk?

4 You study at night.

→ _____ _____ _____ at night?

F 다음 그림을 보고 주어진 단어를 이용하여 빈칸에 알맞은 말을 쓰세요.

1 Elsa _____ _____ her sister. (hate)

2 Snow White _____ _____ apples. (like)

3 Barbie and Tony _____ _____ juice. (drink)

4 Batman and Hulk _____ _____ to each other. (talk)

Vocabulary

E
raise 기르다, 키우다
sheep 양
take a train
기차를 타다
study 공부하다

F
each other 서로
talk 말하다

A 다음 문장에서 <u>틀린</u> 부분을 찾아 바르게 고쳐 쓰세요.

1 Stacy don't likes garlic.

2 Rabbits doesn't eat meat.

3 Owls don't sleeps at night.

4 The old man don't have hair.

5 My brother doesn't watches TV.

B 주어진 말을 이용하여 의문문을 만드세요.

1   he, walk fast

_____

2   you, like cooking

_____

3   she, play the violin

_____

4   they, have children

_____

1 다음 중 일반동사가 <u>아닌</u> 것을 고르세요.

① fly

② are

③ buy

④ send

2 동사원형과 3인칭 단수형이 <u>잘못</u> 연결된 것을 고르세요.

① leave – leaves

② begin – begins

③ finish – finishes

④ watch – watchs

[3–4] 빈칸에 들어갈 말로 알맞은 것을 고르세요.

3

Mario _____ mushrooms.

① eat

② likes

③ want

④ have

4

_____ doesn't die.

① A zombie

② Vampires

③ Tarzan and Jane

④ Nimo and his friends

[5–6] 다음 중 올바른 문장을 고르세요.

5 ① Noel doesn't smiles.

② Bart and Lisa doesn't fight.

③ Rapunzel doesn't cuts her hair.

④ Santa Claus doesn't wear green clothes.

6 ① Does you live in a city?

② Do Rachel speak French?

③ Does Andy cooks well?

④ Does he like his new teacher?

[7–8] 다음 중 <u>틀린</u> 문장을 고르세요.

7 ① Miranda eats potato chips.

② Jordan practice basketball.

③ The cat sleeps for fifteen hours.

④ The sun goes down in the west.

8 ① Conan wears a bow tie.

② Joey doesn't like summer.

③ The singer eats apples.

④ Dorothy meet the wizard.

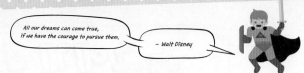

All our dreams can come true,
if we have the courage to pursue them.

– Walt Disney

9 빈칸에 들어갈 말이 <u>다른</u> 하나를 고르세요.

① _____ you often drink soda?

② _____ she listen to the music often?

③ _____ Amanda run in the morning?

④ _____ the apple juice taste sweet?

10 다음 우리말을 영어로 바르게 옮긴 것을 고르세요.

그 수업은 오전 아홉 시에 시작한다.

① The class start at 9 a.m.

② The class starts at 9 a.m.

③ The class startes at 9 a.m.

④ The class does starts at 9 a.m.

11 빈칸에 들어갈 말이 바르게 짝지어진 것을 고르세요.

• I _____ spiders.

• Our flight _____ at 8 p.m.

• Water _____ ice at 0°C.

① hate – leaves – becomes

② hate – leave – becomes

③ hates – leaves – become

④ hates – leaves – becomes

12 빈칸에 공통으로 들어갈 말을 쓰세요.

• _____ you have breakfast?

• _____ your parents like comedy shows?

13 주어진 단어를 이용하여 문장을 완성하세요.

(1) He _____ a sports car. (have)

(2) Tina _____ late. (sleep)

(3) Sam _____ to school today. (go)

[14-15] 다음 문장을 ( ) 안의 지시대로 바꿔 쓰세요.

14

Jane wears skirts. (부정문)

→ _____

15

Gary works at a restaurant. (의문문)

→ _____

Review Test ■ **95**

누구에게 머리를 자를까?

어느 마을에 이발사 피가로와 샤르코가 있어요.
이 마을의 모든 사람들은 두 사람 중 한 명에게 머리를 맡긴다고 해요.
아래에 두 사람의 사진이 있어요. 피가로의 머리는 단정하고 샤르코의 머리는 듬성듬성 못났네요.
단정하게 머리를 자르려면 누구에게 머리를 자르는 게 좋을까요?

피가로

샤르코

지시대명사

다시 보기

지난 Unit에서 배운 내용을 다시 확인해 보세요.

☆ 일반동사의 부정문

I **do not like** roses. 나는 장미를 좋아하지 않는다.

My uncle **does not live** here. 나의 삼촌은 이곳에 살지 않는다.

They **don't study** Spanish. 그들은 스페인어를 공부하지 않는다.

Paul **doesn't read** books. 폴은 책을 읽지 않는다.

☆ 일반동사의 의문문

A: **Do** you **like** pizza? 너는 피자를 좋아하니?

B: **Yes**, I **do**. 응, 좋아해. / **No**, I **don't**. 아니, 안 좋아해.

A: **Does** James **sleep** early? 제임스는 일찍 자니?

B: **Yes**, he **does**. 응, 일찍 자. / **No**, he **doesn't**. 아니, 일찍 안 자.

미리 보기

만화를 통해 이번 Unit에서 배울 내용을 미리 살펴보세요.

지시대명사의 의미와 쓰임

A **This** is my computer. 이것은 내 컴퓨터이다.

B **That** is my brother's computer. 저것은 내 동생의 컴퓨터이다.

C We play games together. 우리는 함께 게임을 한다.

예문맛보기

A의 This와 B의 That은 지시대명사라고 해.

1 가까이 또는 멀리 있는 사람이나 사물을 콕 집어서 가리키는 말을 **지시대명사**라고 합니다. 지시대명사에는 this, that, these, those가 있습니다.

2 **this와 that**: this와 that은 **가리키는 대상이 단수**일 때 사용합니다. 가까이 있는 것을 가리킬 때는 **this(이것/이 사람)**, 멀리 있는 것을 가리킬 때는 **that(저것/저 사람)**을 사용합니다.

Examples

This is Tina. 이 사람은 티나이다.

This is your book. 이것은 네 책이다.

That is a cup. 저것은 컵이다.

That is my uncle. 저분은 내 삼촌이다.

3 **these와 those**: these와 those는 **가리키는 대상이 복수**일 때 사용합니다. 가까이 있는 것들을 가리킬 때는 **these(이것들/이 사람들)**, 멀리 있는 것들을 가리킬 때는 **those(저것들/저 사람들)**를 사용합니다.

Examples

These are gloves. 이것들은 장갑이다.

These are my parents. 이분들은 내 부모님이다.

Those are bears. 저것들은 곰이다.

Those are tomatoes. 저것들은 토마토이다.

> **BUDDY'S TIPS**
> this/that과 these/those는 명사 앞에서
> '이… / 저…'라는 뜻을 나타내기도 해.
> This pen is mine.
> 이 펜은 내 것이다.
> Those flowers are beautiful.
> 저 꽃들은 아름답다.

this   that   these   those

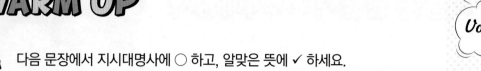

WARM UP

Vocabulary

A 다음 문장에서 지시대명사에 ○ 하고, 알맞은 뜻에 ✓ 하세요.

1 This is my camera.　　□ 이것　　□ 저것

2 That is a koala.　　□ 이것　　□ 저것

3 These are my socks.　　□ 이것들　　□ 저것들

4 Those are school buses.　　□ 이것들　　□ 저것들

5 This is our uncle.　　□ 이 사람　　□ 저 사람

6 These are my parents.　　□ 이 사람들　　□ 저 사람들

B 다음 문장과 일치하는 그림을 찾아 그 기호를 쓰세요.

ⓐ　　　　ⓑ　　　　ⓒ　　　　ⓓ

1 This is my piano.　　_____

2 Those are gloves.　　_____

3 Those are buildings.　　_____

4 This is my hairband.　　_____

부정문과 의문문 만들기: 지시대명사

A This is my seat. 이것은 제 자리인데요.

B I'm sorry. **Is that** your seat, too? 미안해요. 저것도 당신 자리예요?

C No, **it** is my friend's. 아뇨, 그것은 제 친구의 자리예요.

예문 맛보기

B와 C처럼 that으로 질문할 때는 it으로 대답해.

1 지시대명사가 쓰인 문장을 부정문으로 나타낼 때는, 「**지시대명사+be동사+not ….**」의 형태로 씁니다. 이때, 주로 be동사와 not을 줄여 씁니다.

Examples

This is not butter. 이것은 버터가 아니다.　　**These are not** my bags. 이것들은 내 가방이 아니다.

That isn't a pencil case. 저것은 필통이 아니다.　　**Those aren't** our balls. 저것들은 우리의 공이 아니다.

2 지시대명사가 쓰인 문장을 의문문으로 만들 때는, 「**be동사+지시대명사 …?**」의 형태로 씁니다.

Examples

Is this your picture? 이것은 네 사진이니?　　**Are these** your hats? 이것들은 네 모자니?

Is that a tiger? 저것은 호랑이니?　　**Are those** dolphins? 저것들은 돌고래니?

3 이때, this나 that으로 물으면 **it**으로 대답하고, these나 those로 물으면 **they**로 대답합니다.

의문문의 형태	긍정 대답	부정 대답
Is this/that …?	Yes, **it** is.	No, **it** isn't.
Are these/those …?	Yes, **they** are.	No, **they** aren't.

Examples

A: Is **this** sugar? 이것은 설탕이니?

B: Yes, **it** is. 응, 맞아. / No, **it** isn't. 아니, 아니야.

A: Are **those** butterflies? 저것들은 나비이니?

B: Yes, **they** are. 응, 맞아. / No, **they** aren't. 아니, 아니야.

CHECK UP

다음 빈칸에 들어갈 말로 알맞은 것을 고르세요.

1 This _____ a sandwich.　　　① isn't　　② aren't

2 _____ those your coins?　　　① Is　　② Are

WARM UP

A 다음 우리말과 일치하는 문장을 고르세요.

1 이것은 내 티셔츠가 아니다.
   a This isn't my T-shirt.
   b That isn't my T-shirt.

2 저것은 치즈버거니?
   a Is this a cheeseburger?
   b Is that a cheeseburger?

3 저것들은 게리의 지우개니?
   a Are these Gary's erasers?
   b Are those Gary's erasers?

4 이것들은 컵케이크가 아니다.
   a These are not cupcakes.
   b Those are not cupcakes.

B 다음 질문에 알맞은 대답을 고르세요.

1 Is this a tiger?
   a Yes, it is.
   b No, they aren't.

2 Is that sugar?
   a Yes, they are.
   b No, it isn't.

3 Are these gifts?
   a Yes, it is.
   b No, they aren't.

4 Are these your pens?
   a No, it isn't.
   b No, they aren't.

5 Are those apple trees?
   a Yes, they are.
   b No, it isn't.

A ( ) 안에서 알맞은 것을 고르세요.

1 Are (this / these) potatoes?

2 Is (that / those) an airplane?

3 (That / Those) aren't bottles.

4 (This / These) is a soccer ball.

5 Is (this / these) your school uniform?

6 (That / These) isn't Anna's bicycle.

7 (That / Those) aren't Bruce's notebooks.

B 다음 그림을 보고 빈칸에 알맞은 말을 〈보기〉에서 골라 쓰세요.

| 〈보기〉 this | that | these | those |

1 _____ is my bag.

2 _____ are umbrellas.

3 _____ is Chuck's car.

4 _____ are dishes.

Vocabulary

A
potato 감자
airplane 비행기
bottle 병
soccer ball 축구공
school uniform
교복
bicycle 자전거
notebook 노트, 공책

B
umbrella 우산
dish 접시

C 다음 우리말과 같은 뜻이 되도록 빈칸에 알맞은 말을 쓰세요.

C
new 새, 새로운
shoes 신발
music room 음악실
picture 그림, 사진

1 이것들은 내 새 신발이다.

→ _____ _____ my new shoes.

2 이 사람은 내 사촌이다.

→ _____ _____ my cousin.

3 저것은 음악실이 아니다.

→ _____ _____ the music room.

4 저것들은 내 가족사진이 아니다.

→ _____ _____ my family pictures.

D 다음 그림을 보고 빈칸에 알맞은 말을 쓰세요.

D
butterfly 나비
cow 소
tulip 튤립

1

A: Are those butterflies?

B: Yes, _____ _____ .

2

A: Is this a cow?

B: No, _____ _____ .

3

A: Are these tulips?

B: No, _____ _____ .

4

A: Is that a school?

B: Yes, _____ _____ .

E 주어진 말을 이용하여 빈칸에 알맞은 말을 쓰세요.

1 this _____ _____ a book?

2 that _____ _____ a clock?

3 those _____ _____ lions?

4 this _____ _____ a basket?

5 these _____ _____ your dolls?

F 다음 그림을 보고 주어진 말을 이용하여 빈칸에 알맞은 말을 쓰세요.

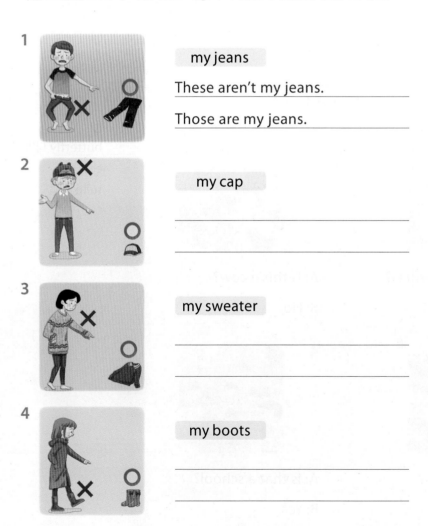

1 my jeans

These aren't my jeans. _____

Those are my jeans. _____

2 my cap

_____

_____

3 my sweater

_____

_____

4 my boots

_____

_____

 다음 우리말과 같은 뜻이 되도록 ( ) 안의 말을 바르게 배열하세요.

1 저것은 박물관이다. (that / a museum / is)

→ _____

2 이것은 서울의 지도니? (is / a map of Seoul / this)

→ _____

3 저것들은 해바라기가 아니다. (sunflowers / those / aren't)

→ _____

4 이 사람들은 나의 이웃이다. (my neighbors / these / are)

→ _____

Ⓑ 다음 문장을 ( ) 안의 지시대로 바꿔 쓰세요.

1 This is a mirror. (의문문)

→ _____

2 That is Seoul Tower. (부정문)

→ _____

3 Those are chopsticks. (의문문)

→ _____

4 These are ants. (부정문)

→ _____

5 That is an expensive car. (의문문)

→ _____

악어는 다 어디 갔나요?

UNIT 10 There is / are

다시 보기

지난 Unit에서 배운 내용을 다시 확인해 보세요.

☆ 지시대명사

This is your book. 이것은 네 책이다.

These are gloves. 이것들은 장갑이다.

That is my uncle. 저분은 내 삼촌이다.

Those are bears. 저것들은 곰이다.

☆ 지시대명사의 부정문과 의문문

This **is not** butter. 이것은 버터가 아니다.

Those **aren't** our balls. 저것들은 우리의 공이 아니다.

A: Is **this** sugar? 이것은 설탕이니?

B: Yes, **it** is. 응, 맞아. / No, **it** isn't. 아니, 아니야.

A: Are **those** butterflies? 저것들은 나비이니?

B: Yes, **they** are. 응, 맞아. / No, **they** aren't. 아니, 아니야.

미리 보기

만화를 통해 이번 Unit에서 배울 내용을 미리 살펴보세요.

There is/are

A **There is** a UFO!   UFO가 있어!

B **There are** aliens, too.   외계인들도 있어.

C **There are** baby aliens!   아기 외계인들도 있어!

예문 맛보기

A의 There is, B와 C의 There are는 어떤 뜻을 가지고 있을까?

1 「**There is/are + 주어**」는 '…이 있다'라는 뜻을 나타냅니다. 이때 there는 특별한 의미가 없으므로 따로 해석하지 않습니다.

Examples

There is a bug. 벌레 한 마리가 있다.

There is a camera on the table. 탁자 위에 카메라 한 대가 있다.

There are three children. 세 명의 어린이들이 있다.

There are mirrors on the wall. 벽에 거울들이 있다.

2 「There is/are + 주어」에서 주어가 **단수명사**이거나 **셀 수 없는 명사**일 때는 **is**를, **복수명사**일 때는 **are**를 사용합니다.

Examples

[단수명사]   There **is** *a blackboard*. 칠판 한 개가 있다.

　　　　　　　　　There **is** *a bed* in my room. 내 방에는 침대가 하나 있다.

[셀 수 없는 명사] There **is** *money*. 돈이 있다.

　　　　　　　　　There **is** *water* in the pool. 수영장 안에 물이 있다.

[복수명사]   There **are** *two balls*. 공이 두 개 있다.

　　　　　　　　　There **are** *many people* in the theater. 극장에 많은 사람들이 있다.

다음 그림을 보고 빈칸에 is나 are 중 알맞은 것을 쓰세요.

1

There _____ a boat.

2

There _____ bats.

WARM UP

A 다음 우리말과 일치하는 문장을 고르세요.

1 의자 하나가 있다.
   a This is a chair.
   b There is a chair.

2 오리 한 마리가 있다.
   a It is a duck.
   b There is a duck.

3 거인들이 있다.
   a They are giants.
   b There are giants.

4 큰 나무 한 그루가 있다.
   a This is a big tree.
   b There is a big tree.

A
duck 오리
giant 거인

B 다음 명사들을 알맞게 분류하여 표를 완성하세요.

dolphins	a box	some juice
some flags	women	time

1

There is	

2

There are	

B
dolphin 돌고래
some 조금, 약간의
flag 깃발
time 시간

부정문과 의문문 만들기: There is/are

A **Is there** a police officer? 경찰이 있니?

B **No**, there **isn't**. 아니, 없어.

C **There isn't** a police officer. 경찰은 없어.

D There is another thief! 다른 도둑이 있어!

예문 맛보기

「There is/are」의 부정문과 의문문에 대해 알아보자.

1 「There is/are＋주어」의 부정문은 is/are 뒤에 not을 붙여 나타내고 '…**이 없다**'라고 해석합니다. 이때, 주로 「**There isn't/aren't＋주어**」로 줄여 씁니다.

Examples

There is not a park in my town. 우리 마을에는 공원이 없다.

There aren't any trees. 나무들이 없다.

> 기억나!?
>
> be동사의 부정문은
> be동사 뒤에 not을 붙여.
> He is not kind. 그는 친절하지 않다.

2 「There is/are＋주어」의 의문문은 「**Is/Are there＋주어** …**?**」의 형태이며, '…**이 있니?**'라고 해석합니다.

There is a taxi. 택시가 있다.

Is there a taxi? 택시가 있니?

There are children. 아이들이 있다.

Are there children? 아이들이 있니?

3 「Is/Are there＋주어 …?」로 물으면 다음과 같이 대답합니다.

긍정 대답	부정 대답
Yes, there **is/are**.	**No**, there **isn't/aren't**.

Examples

A: **Is there** any water in the cup? 그 컵 안에 물이 있니?

B: **Yes**, there **is**. 응, 있어. / **No**, there **isn't**. 아니, 없어.

A: **Are there** flowers in the vase? 꽃병에 꽃들이 있니?

B: **Yes**, there **are**. 응, 있어. / **No**, there **aren't**. 아니, 없어.

WARM UP

A 다음 그림과 일치하는 문장을 고르세요.

1

    a There is an apple in the basket.

    b There isn't an apple in the basket.

2

    a There is a cat on the sofa.

    b There isn't a cat on the sofa.

3

    a There are jeans in the closet.

    b There aren't jeans in the closet.

B 다음 빈칸에 알맞은 말을 쓰세요.

1 A: Is there a clock?

   B: Yes, there _____.

2 A: Is there any sugar?

   B: No, there _____.

3 A: Are there roses in the vase?

   B: Yes, there _____.

4 A: Are there any problems?

   B: No, there _____.

 ( ) 안에서 알맞은 것을 고르세요.

1 There (is / are) a turtle.

2 There (is / are) baskets.

3 There (is / are) some bread in the bowl.

4 There (isn't / aren't) bikes on the road.

5 There (isn't / aren't) many exciting festivals.

6 (Is there / Are there) frogs in the pond?

7 (There is / Is there) a hospital nearby?

A
turtle 거북이
bowl (우묵한) 그릇
road 길, 도로
exciting 신나는
festival 축제
pond 연못
hospital 병원
nearby 가까운 곳에

B 다음 빈칸에 알맞은 be동사를 쓰세요.

1 There _____ a butterfly.

2 There _____ pigs and horses.

3 _____ there a beautiful lake?

4 _____ there homework today?

5 _____ there pretty dolls in the shop?

6 There _____ two kids in the playground.

7 There _____ many students on the bus.

8 _____ there a handsome boy in your class?

B
butterfly 나비
beautiful 아름다운
lake 호수
homework 숙제
pretty 예쁜
playground
운동장, 놀이터
handsome
잘생긴, 멋진

C 다음 두 그림을 비교하여 빈칸에 알맞은 말을 쓰세요.

C
ship 배
rainbow 무지개

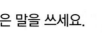

1 There _____ ships.　　There _____ ships.

2 There _____ birds.　　There _____ birds.

3 There _____ a man.　　There _____ a man.

4 There _____ a rainbow.　There _____ a rainbow.

D 주어진 말을 이용하여 빈칸에 알맞은 말을 쓰세요.

D
poster 포스터
bank 은행

1　old men

→ _____ there _____ _____ ?

2　any cheese

→ _____ there _____ _____ ?

3　a poster

→ _____ there _____ _____ on the wall?

4　a bank

→ _____ there _____ _____ in the building?

E 다음 우리말과 같은 뜻이 되도록 빈칸에 알맞은 말을 쓰세요.

1 공원이 있다.

→ _____ _____ a park.

2 계란이 많이 있다.

→ _____ _____ many eggs.

3 그 유리잔에는 탄산음료가 없다.

→ _____ _____ soda in the glass.

4 이 집에 방이 세 개 있니?

→ _____ _____ three rooms in this house?

F 다음 그림을 보고 빈칸에 알맞은 말을 쓰세요.

1 A: Is there a clown?

B: _____, _____ _____.

2 A: Is there a blue balloon?

B: _____, _____ _____.

3 A: Are there monkeys?

B: _____, _____ _____.

Vocabulary

E
park 공원
egg 알, 계란
soda 탄산음료
room 방
house 집

F
clown 광대
balloon 풍선
monkey 원숭이

Vocabulary

 A 다음 문장을 지시대로 바꿔 쓰세요.

1 There is a computer.

부정문 → _____

의문문 → _____

2 There are two bowls of cereal.

부정문 → _____

의문문 → _____

3 There are many tall buildings.

부정문 → _____

의문문 → _____

B 주어진 말을 이용하여 우리말에 맞게 영작하세요.

1 세 명의 학생들이 있다. (three students)

→ _____

2 서점이 없다. (a bookstore)

→ _____

3 귀여운 아기가 있다. (a cute baby)

→ _____

4 오렌지가 많이 있니? (many oranges)

→ _____

5 우유가 하나도 없다. (any milk)

→ _____

A
cereal 시리얼
tall 키가 큰, 높은

B
student 학생
bookstore 서점
cute 귀여운

1 빈칸에 들어갈 말이 바르게 짝지어진 것을 고르세요.

> • There _____ a supermarket.
> • There _____ calendars on the wall.

① is – is   ② is – are

③ are – is   ④ are – are

2 다음 중 틀린 문장을 고르세요.

① There isn't an umbrella.

② There isn't a swimming pool.

③ There aren't violins in the room.

④ There isn't people in the museum.

[3-4] 빈칸에 들어갈 말로 알맞은 것을 고르세요.

3

> A: Are those your glasses?
> B: _____

① Yes, it is.   ② Yes, they are.

③ No, they are.   ④ No, it isn't.

4

> A: Is there a bus stop near the school?
> B: _____

① Yes, it is.   ② Yes, there are.

③ No, there isn't.   ④ No, there aren't.

[5-6] 빈칸에 들어갈 수 <u>없는</u> 것을 고르세요.

5

> This is _____.

① my father

② a sandwich

③ the problem

④ pieces of bread

6

> There are _____.

① potatoes

② two dogs

③ a police car

④ many countries

[7-8] 다음 중 올바른 문장을 고르세요.

7 ① Are this eggs?

② That are a café.

③ This is chairs.

④ Are those your socks?

8 ① There are a bank.

② There is a fly in my soup.

③ There isn't lions in the zoo.

④ There is seven colors in the rainbow.

[9-10] 다음 중 <u>틀린</u> 문장을 고르세요.

9 ① This is my uncle.

② That is the answers.

③ These are toy robots.

④ Those are watermelons.

10 ① There is not a library here.

② Are there coffee in the cup?

③ There aren't many computers.

④ Is there a towel in the bathroom?

11 다음 우리말을 영어로 바르게 옮긴 것을 고르세요.

주차장이 없다.

① This isn't a parking lot.

② There isn't a parking lot.

③ These aren't a parking lot.

④ There aren't a parking lot.

[12-13] 다음 문장을 ( ) 안의 지시대로 바꿔 쓰세요.

12 There is a letter in the drawer. (의문문)

→ _____

13 These are my shoes. (부정문)

→ _____

14 다음 문장에서 <u>틀린</u> 부분을 찾아 바르게 고쳐 쓰세요.

This are a difficult question.

_____ → _____

15 주어진 문장을 다음과 같이 바꿔 쓰세요.

Two pillows are on the bed.
→ There are two pillows on the bed.

A lamp is on my desk.

→ _____

재미있는 영어 표현

영어에는 "cut the cheese"라는 표현이 있어요.
아래 그림을 보고 무슨 뜻일지 생각해 보세요.

cut the cheese (냄새가 나는) 방귀를 뀌다

"cut the cheese"를 단어 그대로 해석하면 '치즈를 자르다'라는 뜻이죠?
오래된 치즈를 자를 때 나는 냄새처럼 방귀 냄새가 고약하기 때문에 이런 표현을 써요.

Example

A: Did you just cut the cheese? 너 방금 방귀 뀌었지?
B: No, I didn't. You did! 아니, 안 뀌었어. 네가 뀌었잖아!

초등학생의 영어 친구

그래머버디
GRAMMAR BUDDY

정답 및 해설

기초 다지기

A 1 ○ 2 △ 3 △ 4 △ 5 ○ 6 ○

B 3, 5

UNIT 01 명사

CHECK UP p.10

A 1 ○ 2 X 3 ○ 4 X 5 X 6 ○

WARM UP p.11

A pencil, train, spoon, chair, table, horse, leg

B 명사 – health, joy, Kelly, luck, cheese, bird, London
명사가 아닌 것 – easy, over, cloudy, very, dirty, and, dry, happy, live

WARM UP p.13

A 1 a 2 b 3 b 4 a 5 b 6 a

B 모양이 일정하지 않은 것 / 너무 작아 셀 수 없는 것
– gold, juice, bread, salt
사람 이름 / 지역 이름 – Emma, Busan, Daniel
만지거나 볼 수 없는 것 – news, joy, French, love

STEP UP pp.14~16

A 1 spoon 2 Jack 3 box 4 school
5 table 6 toy 7 luck 8 lamp
9 gold 10 mouth

B 1 rice 2 money 3 food 4 sand

C 1 Africa 2 Amy, Sam 3 cheetah
4 Honey 5 pet

D 동물 – rabbit, lion
장소 – house, library
직업 – doctor, teacher
모양이 일정하지 않은 것 – cheese, water
사람 이름 / 지역 이름 – Amanda, England
만지거나 볼 수 없는 것 – music, news
명사가 아닌 것 – hear, weak, under

E 1 math 2 spring 3 Jane 4 Time
5 juice 6 bedroom 7 banana
5 주스와 같이 모양이 일정하지 않은 것은 셀 수 없는 명사
이다.

F Texas, Korean, Steve, Mexico, Mike, Hawaii,
French, London
사람 이름, 지역 이름, 특정한 나라의 언어 등을 나타내는 명
사는 첫 글자를 대문자로 쓴다.

LEAP UP p.17

A 1 nose, 코 2 music, 음악 3 elephant, 코끼리
4 water, 물 5 English, 영어

B 셀 수 있는 명사 – animal, name, bear, panda
셀 수 없는 명사 – Poe, China
사람 이름이나 지역 이름은 셀 수 없는 명사이다.

UNIT 02 명사의 복수형

CHECK UP p.20

desks, cups, men, oranges, cities

WARM UP p.21

A 1 ① 2 ② 3 ① 4 ① 5 ② 6 ② 7 ①

B 1 balls 2 keys 3 foxes 4 watches
5 candies 6 bodies 7 leaves 8 wives
9 children 10 feet 11 fish 12 sheep

WARM UP p.23

A 1 c 2 e 3 d 4 a 5 b

B 1 pants 2 scissors 3 glasses
4 a pair of earrings 5 a pair of gloves
6 two pairs of shoes 7 two pairs of socks

STEP UP pp.24~26

A 1 pets 2 glasses 3 boxes 4 classes
5 teeth 6 days 7 potatoes

B 1 dishes 2 pictures 3 friends
4 churches 5 women 6 holidays
7 actresses 8 companies
1, 4, 7 –sh, –ch, –ss로 끝나는 명사는 뒤에 –es를 붙

인다.

8 「자음+y」로 끝나는 명사는 −y를 −ies로 바꾸어 복수형
을 만든다.

C **1** children **2** fish **3** deer **4** mice

2, 3 fish, deer는 단수형과 복수형이 같다.

D **1** spoonful **2** glasses **3** pair **4** pieces

2, 4 셀 수 없는 명사의 양이 얼마나 많은지를 표현할 때는
단위를 복수형으로 쓴다.

E **1** knives **2** babies **3** rabbits
4 pairs **5** slices, cheese

1 −fe로 끝나는 명사는 −fe를 −ves로 바꾸어 복수형을 만
든다.

F apples, peaches, strawberries, sugar

LEAP UP p.27

A **1** leaves **2** four sheep **3** a pair of
4 two bowls of, a glass of

2 sheep은 단수형과 복수형이 같다.

3 주로 복수형으로 쓰이는 명사인 shoes의 수량은 a pair
of(한 켤레의)를 사용하여 나타낸다.

B **1** Potatoes are delicious.
2 There is a piece of cake.
3 Sonya has two puppies.
4 Nick drinks two cups of coffee in the morning.

4 coffee는 셀 수 없는 명사이므로, 얼마나 많은지를 표현
할 때는 단위(cup)를 복수형으로 쓴다.

REVIEW TEST UNIT 01~02 pp.28~29

1 ② **2** ④ **3** ③ **4** ② **5** ③ **6** ③ **7** ②
8 ③ **9** ④ **10** pair **11** ②
12 I know the women. **13** ④
14 teeth **15** a spoonful of

1 ② strong은 '강한'이라는 뜻의 형용사이다.

2 ② 'very'는 '매우'라는 뜻의 부사이다.
③ 'eat'는 '먹다'라는 뜻의 동사이다.

3 ③ sand는 알갱이가 너무 작아 개수를 셀 수 없는 명사이
다.

4 ② 사람 이름은 셀 수 없는 명사이다.

7 ② 뒤에 −s를 붙여 복수형을 만드는 명사는 horse이다.

8 ③ 물의 수량을 나타내는 단위로 a glass of가 가장 적절
하다.

10 socks와 gloves처럼, 주로 두 개가 쌍을 이루어 하나
가 되는 명사는 보통 앞에 a pair of를 써서 '한 쌍의' 라

는 뜻을 나타낸다.

11 ② 지역 이름을 나타내는 말은 첫 글자를 대문자로 쓰므
로, China로 고쳐야 올바른 문장이다.

14 tooth의 복수형은 teeth다.

UNIT 03 관사

WARM UP p.33

A **1** a **2** an **3** an **4** a **5** a
6 a, The **7** a, The

B **1** a **2** the **3** an **4** the

WARM UP p.35

A **1** sun, earth, sky, sea
2 dinner, Mike, tennis, math

B **1** X **2** O **3** X **4** O **5** X **6** X **7** O

STEP UP pp.36~38

A **1** a **2** an **3** X **4** X **5** a
6 X **7** a **8** an **9** a **10** X

2, 8 발음이 모음([a], [e], [i], [o], [u])으로 시작하는 명사
(answer, e-mail) 앞에는 a 대신 an을 쓴다.

B **1** a **2** X **3** the **4** the **5** a **6** an
7 X **8** a, the

2 사람 이름(Andrew) 앞에는 관사를 붙이지 않는다.

3, 4 유일한 것(sea)이나 play+악기(violin)의 경우 the
를 쓴다.

7 식사 이름(lunch) 앞에는 관사를 붙이지 않는다.

8 앞에서 언급된 명사를 다시 가리킬 때는 the를 쓴다.

C **1** An **2** X **3** X **4** A

2 셀 수 없는 명사(milk) 앞에는 a/an을 쓰지 않는다.

3 명사의 복수형(cookies) 앞에는 a/an을 쓰지 않는다.

D **1** a, The **2** a, The **3** a, The

E **1** the cello **2** baseball **3** science
4 the sky **5** dinner **6** The moon

2, 3 운동 경기(baseball), 과목(science) 앞에는 관사를
붙이지 않는다.

F **1** a, The, pot **2** A, The, frog **3** The, birds

LEAP UP p.39

A 1 The sun is huge.
2 I have a rabbit.
3 Tony lives on an island.
4 Emma eats a sandwich.

B 1 a new car 2 a peach 3 an apartment
4 a doughnut 5 The picture

UNIT 04 인칭대명사

WARM UP p.43

A 1 f 2 a 3 b 4 d 5 c 6 e 7 g

B 1 You, 주격 2 him, 목적격 3 They, 주격
4 We, 주격 5 her, 목적격 6 me, 목적격
7 She, 주격 8 them, 목적격

CHECK UP p.44

1 ○ 2 ○ 3 △ 4 △ 5 ○ 6 △

WARM UP p.45

A 1 나의 2 그녀의 것 3 너의(너희의) 4 우리의 것
5 우리의 6 그들의 것 7 mine 8 his
9 her 10 their 11 his 12 yours

B 1 His, 소유격 2 my, 소유격 3 Your, 소유격
4 ours, 소유대명사 5 yours, 소유대명사
6 his, 소유대명사 7 hers, 소유대명사
8 Their, 소유격

STEP UP pp.46~48

A 1 I 2 mine 3 you 4 yours 5 him
6 his 7 she 8 her 9 our 10 us
11 them 12 theirs 13 its 14 it

B 1 We 2 They 3 ours 4 His
5 yours 6 them 7 her
3, 5 '…의 것'이라는 의미의 소유대명사가 와야 한다.

C 1 He 2 They 3 mine 4 my

D 1 his 2 Our 3 He 4 her 5 it
1 '그의 것'이라는 의미의 소유대명사 his가 적절하다.
3 George를 대신하는 말이면서 주어 역할이므로 주격인
He가 와야 한다.

E 1 hers 2 his 3 Their 4 You 5 us 6 my

2, 3, 6 소유격은 명사 앞에서 그 명사가 누구의 것인지를
나타낸다.

F 1 mine, it 2 My, She 3 They, them

LEAP UP p.49

A 1 I visit him on Fridays.
2 We are cousins.
3 They are tired today.
4 I have it at my house.
1 목적어인 Danny를 대신하는 말로는 '그를'이라는 의미의
him이 적절하다.

B 1 The jackets are theirs.
2 I miss you so much.
3 Emily's two daughters help her.
4 Your friends are kind and polite.
5 Our store opens at nine o'clock in the morning.

REVIEW TEST UNIT 03 ~ 04 pp.50~51

1 ② 2 ④ 3 ③ 4 ② 5 ① 6 ②
7 ① 8 ④ 9 ③ 10 ① 11 her
12 The 13 them 14 Your 15 she → her

1 ② 발음이 모음([a], [e], [i], [o], [u])으로 시작하는 명사
앞에는 a 대신 an을 쓴다. 따라서 an egg가 올바른 표현
이다.
2 ④ them은 목적격으로 '그들을'이라는 뜻이다.
3 ③ 빈칸에는 목적격이 와야 하므로 his는 올 수 없다.
4 ② 빈칸에는 소유격이 와야 한다. Hers는 소유대명사이
다.
5 〈보기〉의 I와 mine은 각각 주격과 소유대명사이다. ①
him은 목적격이다.
6 ② 하나의 명사를 가리킬 때는 a/an을 쓰며, 앞에서 언급
된 명사를 다시 가리킬 때는 the를 쓴다.
7 ① 운동 경기 앞에는 관사를 붙이지 않는다.
8 ④ 유일한 것(earth) 앞에는 the를 붙인다.
9 ③ him을 소유격 his로 고쳐야 올바른 문장이다.
10 ① 식사 앞에는 관사를 붙이지 않는다.

UNIT 05 be동사 1

CHECK UP p.54

are, is, am

WARM UP p.55

A 1 is 2 is 3 are 4 is 5 are
6 is 7 are 8 are

B 1 is 2 are 3 is 4 is 5 are

CHECK UP p.56

1, 4, 5, 6

WARM UP p.57

A 1 c 2 c 3 b 4 a 5 c 6 b

B 1 I'm 2 We're 3 They're 4 He's
5 She's 6 You're 7 It's

STEP UP pp.58~60

A 1 are 2 is 3 is 4 is 5 are 6 are
1, 5 주어가 We, They이면 be동사는 are를 쓴다.
2~4 주어가 단수명사이거나 셀 수 없는 명사이면 is를 쓴다.
6 주어가 복수명사이면 are를 쓴다.

B 1 is 2 is 3 are 4 is 5 are

C 1 ①, am 2 ①, is 3 ②, is 4 ②, are
5 ②, is 6 ②, are
1~6 be동사는 주어 뒤에 위치하며, 주어에 따라 am, are, is로 형태가 달라진다.

D 1 are 2 is, England 3 is, Australia 4 are

E 1 I'm sick now.
2 She's a lovely girl.
3 We're at the parking lot.
4 It's a great story.

F 1 His feet are 2 The table is
3 Her dress is 4 She is[She's]
1 주어가 복수명사(His feet)이므로 be동사는 are를 쓴다.
2~4 주어가 단수명사(Her dress, The table)이거나 인칭대명사의 3인칭 단수(She)일 때 be동사는 is를 쓴다.

LEAP UP p.61

A 1 is, 그는 게으르다.
2 are, 너는 운이 좋은 소녀이다.
3 are, 그 펜들은 파란색이다.
4 is, 그 여배우는 키가 크고 예쁘다.

B 1 I am[I'm] hungry.
2 You are[You're] smart.
3 The weather is nice.
4 He is[He's] my math teacher.
5 The monkeys are in the cage.

UNIT 06 be동사 2: 부정문과 의문문

CHECK UP p.64

2, 3, 4

WARM UP p.65

A 1 ② 2 ② 3 ② 4 ② 5 ③ 6 ③ 7 ②

B 1 It isn't [It's not] 2 You aren't [You're not]
3 isn't 4 He isn't [He's not]
5 We aren't [We're not]
6 They aren't [They're not]

WARM UP p.67

A 1 Am 2 Are 3 Are 4 Are
5 Is 6 Is 7 Are

B 1 is 2 are 3 am not 4 aren't 5 isn't

STEP UP pp.68~70

A 1 Is 2 is not 3 isn't 4 Are
5 are not 6 Am, you are 7 Is, she
1, 4 be동사의 의문문은 「be동사+주어 …?」의 순서로 쓴다.
2, 3, 5 be동사의 부정문은 「주어+be동사+not ….」의 형태이다.
6 be동사의 의문문에 대한 긍정 대답에서는 줄임형을 쓰지 않는다.
7 의문문의 주어가 일반명사일 경우에는, 적절한 대명사로 바꿔서 대답한다.

B 1 are not[aren't] 2 is not[isn't]
3 are not[aren't] 4 is not[isn't]

C 1 Is, isn't 2 Are, am 3 Are, aren't 4 Is, is

D 1 Is the truck
2 Are the melons
3 The toilet is not[isn't]
4 The stories are not[aren't]

E 1 isn't blue　2 aren't in New York
　3 isn't my classmate　4 aren't a cook
　1, 3 is not은 isn't로 줄여 쓸 수 있다.
　2, 4 are not은 aren't로 줄여 쓸 수 있다.

F 1 Is / Yes, he, is
　2 Are / No, they, aren't
　3 Is / No, he, isn't
　4 Is / Yes, it, is
　1~4 be동사의 의문문은 「Yes, 주어+be동사.」 또는 「No,
　주어+be동사+not.」으로 대답한다. 부정 대답에서 be
　동사와 not은 주로 줄여 쓴다.

LEAP UP p.71

A 1 Is it an eagle?
　2 Kevin is not[isn't] from Italy.
　3 Are they vampires?
　4 He is not[He isn't / He's not] a Hollywood star.
　5 Are Miranda and Kate models?

B 1 The hamsters are not big.
　2 Is Tom a firefighter?
　3 I am not a robot.
　4 Kangaroos aren't from China.
　3 am과 not은 줄여 쓸 수 없다.

REVIEW TEST UNIT 05 ~ 06 pp.72~73

　1 ②　2 ③　3 ①　4 ①　5 ④　6 ③
　7 ④　8 ①　9 ③　10 ①　11 Is[is]
　12 Is, he　13 is → are　14 It isn't[It's not]
　15 Is she a famous reporter?

　1 ② We가 주어일 때 be동사는 are이며, 줄임형은 We're
　이다.
　2 ③ The men은 복수명사이므로 be동사로 are를 쓴다.
　3 ① Water는 셀 수 없는 명사이므로 be동사로 is를 쓴다.
　4 ① It이 주어일 때는 be동사로 is가 온다. They, You,
　We가 주어일 때는 be동사로 are가 온다.
　5 ④ be동사가 쓰인 문장의 의문문은 「be동사+주어 …?」
　의 순서로 쓴다.
　8 be동사의 부정문에서, 주어가 대명사일 때 be동사와
　not을 줄여 쓰거나(They aren't), 주어와 be동사를 줄
　여서 쓸 수 있다(They're not).
　10 ① am과 not은 줄여 쓸 수 없다.
　12 의문문의 주어가 일반명사일 때, 대답은 그 명사를 적절
　한 대명사로 바꿔서 한다.

UNIT 07 일반동사 1

CHECK UP p.76

1 자다　2 만들다　3 앉다
4 마시다　5 달리다　6 돕다

WARM UP p.77

A 1, 2, 6

B 1 run　2 wear　3 eat　4 drink　5 feel
　6 work　7 go　8 make

WARM UP p.79

A 1 b　2 a　3 a　4 b　5 a　6 b

B 1 ①　2 ②　3 ②　4 ②　5 ①　6 ①　7 ②

STEP UP pp.80~82

A 1 has　2 flies　3 need　4 carries
　5 speaks　6 catches　7 finishes　8 dries
　1 동사 have의 3인칭 단수형은 has이다.
　2, 4, 8 「자음+y」로 끝나는 동사는 -y를 -ies로 바꾸어 3
　인칭 단수형을 만든다.
　7 -sh로 끝나는 동사는 뒤에 -es를 붙여 3인칭 단수형을
　만든다.

B 1 like　2 likes　3 hate　4 hates
　1, 3 주어가 3인칭 단수가 아닐 경우, 동사원형을 쓴다.
　2, 4 주어가 3인칭 단수(Joe)이므로, 동사 like와 hate 뒤
　에 -s를 붙여 3인칭 단수형을 만든다.

C 1 pushes　2 wears　3 runs　4 passes
　1, 4 -sh, -s로 끝나는 동사는 뒤에 -es를 붙여 3인칭 단
　수형을 만든다.
　2, 3 대부분의 동사는 뒤에 -s를 붙여 3인칭 단수형을 만든
　다.

D 1 like　2 comes　3 visits　4 watches

E 1 make　2 sleep　3 arrives　4 has　5 goes
　5 「자음+o」로 끝나는 동사는 뒤에 -es를 붙여 3인칭 단수
　형을 만든다.

F 1 has　2 reads　3 plays　4 does

LEAP UP p.83

A 1 studies hard
　2 washes carrots

3 drinks orange juice
4 learns English at school
1~4 주어가 모두 3인칭 단수로 바뀌었으므로, 규칙에 따라
동사를 3인칭 단수형으로 바꾼다.

B **1** He rides a bicycle.
2 She brushes her teeth.
3 This tree grows in warm weather.
4 My brother comes home early.
5 The dancers drink a lot of water.

UNIT 08   일반동사 2: 부정문과 의문문

CHECK UP   p.86

1, 4

WARM UP   p.87

A **1** do not   **2** does not   **3** do not
4 does not   **5** does not   **6** do not

B **1** plays   **2** doesn't play
3 read   **4** don't read

CHECK UP   p.88

2, 3

WARM UP   p.89

A **1** Do   **2** Does   **3** Do   **4** Does
5 Does   **6** Do   **7** Does

B **1** Yes, he does.   **2** No, she doesn't.
3 Yes, it does.   **4** No, we don't.

STEP UP   pp.90~92

A **1** Do   **2** don't   **3** doesn't
4 Does   **5** learn   **6** jump
7 doesn't   **8** don't
1~4 일반동사의 부정문과 의문문을 만들 때는 do나 does
를 이용한다.

B **1** don't, sleep   **2** doesn't, lie
3 doesn't, sell   **4** don't, live
1, 4 주어가 복수일 경우, 일반동사의 부정문은 「주어+do
not+동사원형 …」의 형태이다. do not은 don't로 줄
여 쓸 수 있다.

1, 3 주어가 3인칭 단수일 경우, 일반동사의 부정문은 「주어
+does not+동사원형 …」의 형태이다. does not은
doesn't로 줄여 쓸 수 있다.

C **1** Does, cry   **2** Do, use
3 Does, drive   **4** Does, teach
1~4 일반동사의 의문문은 「Do+주어+동사원형 …?」의 형
태이며, 주어가 3인칭 단수일 때 Do 대신 Does를 쓴다.

D **1** Yes, they, do   **2** Yes, she, does
3 No, we, don't   **4** No, he, doesn't
1~4 일반동사의 의문문에 대한 긍정 대답은 「Yes, 주
어+do/does.」, 부정 대답은 「No, 주어+don't/
doesn't.」로 한다. 이때 의문문의 주어가 일반명사일 경
우, 적절한 대명사로 바꿔 답한다.

E **1** Do, they, raise   **2** Does, he, take
3 Does, she, clean   **4** Do, you, study

F **1** doesn't, hate   **2** doesn't, like
3 don't, drink   **4** don't, talk

LEAP UP   p.93

A **1** don't likes → doesn't like
2 doesn't → don't
3 sleeps → sleep
4 don't → doesn't
5 watches → watch

B **1** Does he walk fast?
2 Do you like cooking?
3 Does she play the violin?
4 Do they have children?

REVIEW TEST   UNIT 07 ~ 08   pp.94~95

1 ②   **2** ④   **3** ②   **4** ①   **5** ④   **6** ④   **7** ②
8 ④   **9** ①   **10** ②   **11** ①   **12** Do
13 (1) has (2) sleeps (3) goes
14 Jane does not[doesn't] wear skirts.
15 Does Gary work at a restaurant?

1 ② are는 be동사이다.
2 ④ watches가 올바른 형태이다.
3 ② 주어(Mario)가 3인칭 단수이므로 3인칭 단수형 동사
인 likes만 빈칸에 들어갈 수 있다.
5 ①, ③ 일반동사의 부정문은 「주어+do/does not+ 동
사원형 …」의 형태이므로 smiles와 cuts를 각각 동사원
형 smile과 cut으로 고쳐야 올바른 문장이다.
② 주어(Bart and Lisa)가 복수이므로 doesn't를 don't로

고쳐야 올바른 문장이다.

6 ④ 일반동사의 의문문은 「Do + 주어 + 동사원형 …?」의 형태로 쓴다. 주어가 3인칭 단수일 때는 Do 대신 Does를 쓴다.

7 ② Jordan은 3인칭 단수이므로 동사의 형태는 practices가 되어야 한다.

9 ②~④는 주어가 3인칭 단수이므로 빈칸에 Does가, ①은 주어가 3인칭 단수가 아니므로 빈칸에 Do가 들어가야 한다.

13 (3) 「자음 + o」로 끝나는 동사는 −es를 붙여 3인칭 단수형을 만든다.

UNIT 09 지시대명사

WARM UP p.99

A 1 This, 이것   2 That, 저것   3 These, 이것들
  4 Those, 저것들   5 This, 이 사람
  6 These, 이 사람들

B 1 ⓓ   2 ⓐ   3 ⓑ   4 ⓒ

CHECK UP p.100

1 ①   2 ②

WARM UP p.101

A 1 a   2 b   3 b   4 a

B 1 a   2 b   3 b   4 b   5 a

STEP UP pp.102~104

A 1 these   2 that   3 Those   4 This
  5 this   6 That   7 Those

B 1 This   2 These   3 That   4 Those
  1, 3 가리키는 대상이 단수이고 가까이 있을 때는 this(이것)를, 멀리 있으면 that(저것)을 사용한다.
  2, 4 가리키는 대상이 복수이고 가까이 있을 때는 these(이것들)를, 멀리 있을 때는 those(저것들)를 사용한다.

C 1 These, are   2 This, is   3 That, isn't
  4 Those, aren't
  3, 4 지시대명사가 쓰인 문장의 부정문은 「지시대명사 + be동사 + not …」의 형태로 쓴다. 이때, be동사와 not을 주로 줄여 쓴다.

D 1 they, are   2 it, isn't

3 they, aren't   4 it, is

1, 3 these나 those로 물으면 they로 대답한다.
2, 4 this나 that으로 물으면 의문문은 it으로 대답한다.

E 1 Is, this   2 Is, that   3 Are, those
  4 Is, this   5 Are, these
  1~5 지시대명사가 쓰인 문장의 의문문은 「be동사 + 지시대명사 …?」의 형태로 쓴다.

F 1 These aren't my jeans. Those are my jeans.
  2 This isn't my cap. That is my cap.
  3 This isn't my sweater. That is my sweater.
  4 These aren't my boots. Those are my boots.

LEAP UP p.105

A 1 That is a museum.
  2 Is this a map of Seoul?
  3 Those aren't sunflowers.
  4 These are my neighbors.

B 1 Is this a mirror?
  2 That is not[isn't] Seoul Tower.
  3 Are those chopsticks?
  4 These are not[aren't] ants.
  5 Is that an expensive car?

UNIT 10 There is/are

CHECK UP p.108

1 is   2 are

WARM UP p.109

A 1 b   2 b   3 b   4 b

B 1 a box, some juice, time
  2 dolphins, some flags, women

WARM UP p.111

A 1 b   2 b   3 b

B 1 is   2 isn't   3 are   4 aren't

STEP UP pp.112~114

A 1 is   2 are   3 is   4 aren't
  5 aren't   6 Are there   7 Is there

3 「There is/are＋주어」에서 주어가 셀 수 없는 명사 (some bread)이므로 is가 와야 한다.

B 1 is 2 are 3 Is 4 Is 5 Are
6 are 7 are 8 Is
1~8 「There is/are＋주어」에서 주어가 단수명사이거나 셀 수 없는 명사일 때는 is를, 복수명사일 경우에는 are를 쓴다.

C 1 are, aren't 2 aren't, are
3 is, isn't 4 isn't, is

D 1 Are, old, men 2 Is, any, cheese
3 Is, a, poster 4 Is, a, bank

E 1 There, is 2 There, are
3 There, isn't 4 Are, there

F 1 Yes, there, is 2 No, there, isn't
3 Yes, there, are
1, 2 「Is there＋주어 …?」에 대한 긍정의 대답은 「Yes, there is.」이고, 부정의 대답은 「No, there isn't.」이다.
3 「Are there＋주어 …?」에 대한 긍정의 대답은 「Yes, there are.」이다.

LEAP UP p.115

A 1 (부정문) There is not[isn't] a computer.
(의문문) Is there a computer?
2 (부정문) There are not[aren't] two bowls of cereal.
(의문문) Are there two bowls of cereal?
3 (부정문) There are not[aren't] many tall buildings.
(의문문) Are there many tall buildings?

B 1 There are three students.
2 There is not[isn't] a bookstore.
3 There is a cute baby.
4 Are there many oranges?
5 There is not[isn't] any milk.

REVIEW TEST UNIT 09~10 pp.116-117

1 ② 2 ④ 3 ② 4 ③ 5 ④ 6 ③ 7 ④
8 ② 9 ② 10 ② 11 ②
12 Is there a letter in the drawer?
13 These are not[aren't] my shoes.
14 are → is
15 There is a lamp on my desk.

1 ②「There is/are＋주어」에서 주어가 단수명사(a supermarket)일 때는 is를, 복수명사(calendars)일 때는 are를 사용한다.
2 ④ There is 뒤에는 복수명사가 올 수 없다.
3 ② these나 those로 묻는 경우에는 「Yes, they are.」 또는 「No, they aren't.」로 대답할 수 있다.
5 ④ This is 뒤에는 복수명사가 올 수 없다.
6 ③ There are 뒤에는 단수명사가 올 수 없다.
10 ② coffee는 셀 수 없는 명사이므로 Are 대신 Is를 써야 한다.
11 ② '…이 없다'라는 뜻은 「There isn't/aren't＋주어」로 표현한다. 문제에서는 뒤에 나온 주어(a parking lot)가 단수명사이므로 ②가 적절하다.
14 가리키는 것이 단수명사(a difficult question)이므로 are를 is로 고쳐야 한다.

★ p. 30 〈보물을 찾아라〉 정답 ★

★ p. 52 〈도시를 구하라〉 정답 ★

지은이

NE능률 영어교육연구소

NE능률 영어교육연구소는 혁신적이며 효율적인 영어 교재를 개발하고
영어 학습의 질을 한 단계 높이고자 노력하는 NE능률의 연구조직입니다.

그래머버디 Level 1

펴 낸 이	주민홍
펴 낸 곳	서울특별시 마포구 월드컵북로 396(상암동) 누리꿈스퀘어 비즈니스타워 10층
	(주)NE능률 (우편번호 03925)
펴 낸 날	2016년 1월 5일 개정판 제1쇄
	2024년 2월 15일 제17쇄
전 화	02 2014 7114
팩 스	02 3142 0356
홈 페 이 지	www.neungyule.com
등 록 번 호	제1-68호
I S B N	979-11-253-0966-6
정 가	10,000원

NE 능률

고객센터

교재 내용 문의 : contact.nebooks.co.kr (별도의 가입 절차 없이 작성 가능)
제품 구매, 교환, 불량, 반품 문의 : 02-2014-7114
☎ 전화문의는 본사 업무시간 중에만 가능합니다.

초등학생의 영어 친구

그래머버디

단어장

1

NE 능률

초등학생의 영어 친구

그래머버디

단어장

1

발음 기호를 배워 봅시다.

하나의 알파벳이 여러 소리를 가지고 있는 경우가 있어서 같은 알파벳이라도 단어에 따라 소리가 달라져요. 하지만 발음 기호를 알아두면 영어 단어를 정확하게 읽을 수 있답니다. 듣고 따라 하면서 발음 기호를 익혀봅시다.

✦ 자음 ✦

p	plate[pleit]		f	feed[fiːd]
b	bad[bæd]		v	visit[vízit]
t	toy[tɔi]		θ	thing[θiŋ]
d	did[did]		ð	they[ðei]
k	cozy[kóuzi]		s	see[siː]
g	get[get]		z	zoo[zuː]
tʃ	chew[tʃuː]		ʃ	ship[ʃip]
dʒ	job[dʒab]		ʒ	vision[víʒən]

h	have [hæv]		l	leg [leg]
m	miss [mis]		r	run [rʌn]
n	note [nout]		j	yes [jes]
ŋ	sing [siŋ]		w	weak [wiːk]

☆ 모음 ☆

a	watch [wɑtʃ]		æ	cat [kæt]
e	pet [pet]		ʌ	peanut [píːnʌt]
i	wing [wiŋ]		ɔ	wall [wɔːl]
o	grow [grou]		ə	pilot [páilət]
u	put [put]		ɛ	wear [wɛər]

듣고 따라 말해 봅시다.

train [trein]	기차	time [taim]	시간
slow [slou]	느린	hospital [háspitəl]	병원
rich [ritʃ]	부유한	small [smɔːl]	작은
easy [íːzi]	쉬운	sand [sænd]	모래
fast [fæst]	빠른	gold [gould]	금
window [wíndou]	창문	like [laik]	좋아하다
nurse [nəːrs]	간호사	hate [heit]	싫어하다
joy [dʒɔi]	기쁨, 즐거움	kind [kaind]	친절한
poor [puər]	가난한	want [wɑnt]	원하다
cute [kjuːt]	귀여운	drink [driŋk]	마시다

WORD TEST

DATE PARENTS TEACHER

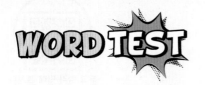

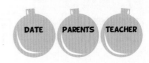

다음 영어는 우리말로, 우리말은 영어로 쓰세요.

1 **fast**

→ ______________________

2 **want**

→ ______________________

3 **joy**

→ ______________________

4 **sand**

→ ______________________

5 **time**

→ ______________________

6 **window**

→ ______________________

7 **rich**

→ ______________________

8 **slow**

→ ______________________

9 기차

→ ______________________

10 간호사

→ ______________________

11 귀여운

→ ______________________

12 마시다

→ ______________________

13 가난한

→ ______________________

14 병원

→ ______________________

15 쉬운

→ ______________________

16 친절한

→ ______________________

□ **paper** [péipər]	종이	□ **sheep** [ʃiːp]	양
□ **color** [kʌ́lər]	색, 색깔	□ **dish** [diʃ]	접시
□ **family** [fǽməli]	가족	□ **woman** [wúmən]	여자
□ **rice** [rais]	쌀, 밥	□ **friend** [frend]	친구
□ **fish** [fiʃ]	물고기	□ **sugar** [ʃúgər]	설탕
□ **child** [tʃaild]	어린이	□ **fruit** [fruːt]	과일
□ **tooth** [tuːθ]	이, 치아	□ **mouse** [maus]	쥐
□ **heavy** [hévi]	무거운	□ **farm** [fɑːrm]	농장
□ **class** [klæs]	학급, 수업	□ **lunch** [lʌntʃ]	점심 식사
□ **evening** [íːvniŋ]	저녁	□ **morning** [mɔ́ːrniŋ]	아침

7

다음 영어는 우리말로, 우리말은 영어로 쓰세요.

1 dish
→ _____

2 fish
→ _____

3 paper
→ _____

4 farm
→ _____

5 woman
→ _____

6 sheep
→ _____

7 child
→ _____

8 rice
→ _____

9 친구
→ _____

10 쥐
→ _____

11 학급, 수업
→ _____

12 설탕
→ _____

13 과일
→ _____

14 점심 식사
→ _____

15 이, 치아
→ _____

16 가족
→ _____

UNIT 03 관사

듣고 따라 말해 봅시다.

□ **buy** [bai]	사다	□ **clean** [kli:n]	닦다, 청소하다
□ **drive** [draiv]	운전하다	□ **swim** [swim]	수영하다
□ **umbrella** [ʌmbrélə]	우산	□ **sit** [sit]	앉다
□ **ruler** [rú:lər]	자	□ **soft** [sɔːft]	부드러운
□ **place** [pleis]	장소	□ **airplane** [éərplèin]	비행기
□ **dark** [dɑːrk]	어두운	□ **live** [liv]	살다
□ **dentist** [déntist]	치과 의사	□ **change** [tʃeindʒ]	변하다
□ **favorite** [féivərit]	매우 좋아하는	□ **help** [help]	돕다
□ **frog** [frɔːg]	개구리	□ **hole** [houl]	구멍
□ **letter** [létər]	편지	□ **island** [áilənd]	섬

DATE   PARENTS   TEACHER

다음 영어는 우리말로, 우리말은 영어로 쓰세요.

1 buy

→ _____

2 drive

→ _____

3 ruler

→ _____

4 place

→ _____

5 dark

→ _____

6 dentist

→ _____

7 favorite

→ _____

8 frog

→ _____

9 편지

→ _____

10 닦다, 청소하다

→ _____

11 앉다

→ _____

12 부드러운

→ _____

13 비행기

→ _____

14 살다

→ _____

15 변하다

→ _____

16 섬

→ _____

UNIT 04 인칭대명사

듣고 따라 말해 봅시다.

□ **sad** [sæd]	슬픈	□ **large** [lɑːrdʒ]	큰, 넓은
□ **sing** [siŋ]	노래하다	□ **uncle** [ʌ́ŋkl]	삼촌
□ **know** [nou]	알다	□ **balloon** [bəlúːn]	풍선
□ **many** [méni]	많은	□ **ticket** [tíkit]	표, 티켓
□ **handsome** [hǽnsəm]	잘생긴	□ **cousin** [kʌ́zn]	사촌
□ **garden** [gɑ́ːrdn]	정원	□ **daughter** [dɔ́ːtər]	딸
□ **great** [greit]	굉장한, 대단한	□ **ride** [raid]	타다
□ **Friday** [fráidei]	금요일	□ **eye** [ai]	눈
□ **voice** [vɔis]	목소리	□ **store** [stɔːr]	가게
□ **parents** [pérəntz]	부모님	□ **open** [óupən]	열다

WORD TEST

DATE PARENTS TEACHER

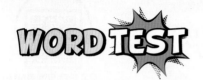

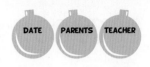

다음 영어는 우리말로, 우리말은 영어로 쓰세요.

1 **sad**

→ ______________________

2 **sing**

→ ______________________

3 **many**

→ ______________________

4 **garden**

→ ______________________

5 **eye**

→ ______________________

6 **ride**

→ ______________________

7 **Friday**

→ ______________________

8 **handsome**

→ ______________________

9 큰, 넓은

→ ______________________

10 알다

→ ______________________

11 삼촌

→ ______________________

12 사촌

→ ______________________

13 딸

→ ______________________

14 풍선

→ ______________________

15 부모님

→ ______________________

16 가게

→ ______________________

듣고 따라 말해 봅시다.

□ **wall** [wɔ:l]	벽	□ **sweet** [swi:t]	달콤한
□ **winter** [wíntər]	겨울	□ **math** [mæθ]	수학
□ **king** [kiŋ]	왕	□ **story** [stɔ́:ri]	이야기
□ **funny** [fʌ́ni]	재미있는	□ **singer** [siŋər]	가수
□ **cold** [kould]	차가운, 추운	□ **monkey** [mʌ́ŋki]	원숭이
□ **late** [leit]	늦은, 늦게	□ **actress** [ǽktris]	여배우
□ **air** [er]	공기	□ **lazy** [léizi]	게으른
□ **job** [dʒɑ:b]	직업	□ **lucky** [lʌ́ki]	운이 좋은
□ **dirty** [də́:rti]	더러운	□ **weather** [wéðər]	날씨
□ **quiet** [kwáiət]	조용한	□ **police officer**	경찰관

WORD TEST

DATE PARENTS TEACHER

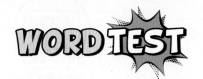

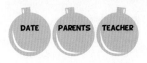

다음 영어는 우리말로, 우리말은 영어로 쓰세요.

1 **cold**

→ ____________________

2 **actress**

→ ____________________

3 **funny**

→ ____________________

4 **lucky**

→ ____________________

5 **wall**

→ ____________________

6 **math**

→ ____________________

7 **sweet**

→ ____________________

8 **story**

→ ____________________

9 겨울

→ ____________________

10 늦은, 늦게

→ ____________________

11 날씨

→ ____________________

12 더러운

→ ____________________

13 직업

→ ____________________

14 경찰관

→ ____________________

15 가수

→ ____________________

16 조용한

→ ____________________

short [ʃɔːrt]	짧은, 키가 작은	**interesting** [íntrəstiŋ]	재미있는
angry [ǽŋgri]	화난	**thin** [θin]	마른
aunt [ænt]	고모, 이모	**hungry** [hʌ́ŋgri]	배고픈
weak [wiːk]	약한	**toilet** [tɔ́ilət]	화장실
young [jʌŋ]	어린	**classmate** [klǽsmèit]	반 친구
guitar [gitáːr]	기타	**blond** [blɑnd]	금발인
wrong [rɔːŋ]	틀린, 잘못된	**tasty** [téisti]	맛있는
brave [breiv]	용감한	**eagle** [íːgl]	독수리
lake [leik]	호수	**robot** [róubət]	로봇
deep [diːp]	깊은	**firefighter** [fáiərfàitər]	소방관

WORD TEST

DATE | PARENTS | TEACHER

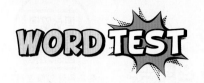

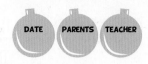

다음 영어는 우리말로, 우리말은 영어로 쓰세요.

1 **blond**
→ ______________________

2 **tasty**
→ ______________________

3 **interesting**
→ ______________________

4 **weak**
→ ______________________

5 **toilet**
→ ______________________

6 **lake**
→ ______________________

7 **wrong**
→ ______________________

8 **firefighter**
→ ______________________

9 반 친구
→ ______________________

10 로봇
→ ______________________

11 깊은
→ ______________________

12 용감한
→ ______________________

13 배고픈
→ ______________________

14 고모, 이모
→ ______________________

15 마른
→ ______________________

16 어린
→ ______________________

영어	뜻	영어	뜻
grass [græs]	풀, 잔디	**push** [puʃ]	누르다
restaurant [réstərənt]	식당, 레스토랑	**cry** [krai]	울다
cook [kuk]	요리하다, 요리사	**fly** [flai]	날다
church [tʃəːrtʃ]	교회	**make** [meik]	만들다
student [stúːdnt]	학생	**breakfast** [brékfəst]	아침 식사
fix [fiks]	수리하다	**toy** [tɔi]	장난감
tell [tel]	말하다	**learn** [ləːrn]	배우다
smile [smail]	웃다	**grow** [grou]	자라다
science [sáiəns]	과학	**every day**	매일
wash [wɑʃ]	씻다	**a lot of**	많은

DATE PARENTS TEACHER

다음 영어는 우리말로, 우리말은 영어로 쓰세요.

1 **grass**

→ _____

2 **cook**

→ _____

3 **cry**

→ _____

4 **fix**

→ _____

5 **smile**

→ _____

6 **fly**

→ _____

7 **science**

→ _____

8 **push**

→ _____

9 말하다

→ _____

10 학생

→ _____

11 씻다

→ _____

12 아침 식사

→ _____

13 식당, 레스토랑

→ _____

14 배우다

→ _____

15 자라다

→ _____

16 많은

→ _____

듣고 따라 말해 봅시다.

study [stʌ́di]	공부하다	**high** [hai]	높이, 높게
walk [wɔːk]	걷다	**laptop** [lǽptɑːp]	노트북, 휴대용 컴퓨터
cap [kæp]	모자	**paint** [peint]	그림을 그리다
much [mʌtʃ]	많은, 많이	**raise** [reiz]	기르다, 키우다
sell [sel]	팔다	**sleep** [sliːp]	자다
children [tʃíldrən]	아이들	**hair** [her]	머리카락
city [síti]	도시	**garlic** [gɑ́ːrlik]	마늘
jump [dʒʌmp]	뛰다, 점프하다	**meat** [miːt]	고기
bite [bait]	물다	**talk** [tɔːk]	말하다, 이야기하다
fight [fait]	싸우다	**keep a diary**	일기를 쓰다

19

DATE PARENTS TEACHER

다음 영어는 우리말로, 우리말은 영어로 쓰세요.

1 **study**

→ _____

2 **high**

→ _____

3 **cap**

→ _____

4 **much**

→ _____

5 **keep a diary**

→ _____

6 **talk**

→ _____

7 **jump**

→ _____

8 **bite**

→ _____

9 싸우다

→ _____

10 걷다

→ _____

11 팔다

→ _____

12 그림을 그리다

→ _____

13 기르다, 키우다

→ _____

14 자다

→ _____

15 마늘

→ _____

16 도시

→ _____

UNIT 09 지시대명사

듣고 따라 말해 봅시다.

socks [saːks]	양말	**new** [nuː]	새로운
gloves [glʌvz]	장갑	**jeans** [ʤiːnz]	바지, 청바지
gift [gift]	선물	**museum** [mjuzíːəm]	박물관
bottle [báːtl]	병	**map** [mæp]	지도
notebook [nóutbùk]	노트, 공책	**boots** [buːts]	부츠, 장화
bicycle [báisikl]	자전거	**neighbor** [néibər]	이웃
butterfly [bʌ́tərflài]	나비	**mirror** [mírər]	거울
cow [kau]	소	**chopstick** [ʧáːpstik]	젓가락
picture [píkʧər]	그림, 사진	**sweater** [swétər]	스웨터
clock [klɑːk]	시계	**expensive** [ikspénsiv]	비싼

DATE   PARENTS   TEACHER

다음 영어는 우리말로, 우리말은 영어로 쓰세요.

1 **bicycle**

→ _____

2 **gloves**

→ _____

3 **bottle**

→ _____

4 **gift**

→ _____

5 **neighbor**

→ _____

6 **socks**

→ _____

7 **clock**

→ _____

8 **cow**

→ _____

9 새로운

→ _____

10 박물관

→ _____

11 거울

→ _____

12 스웨터

→ _____

13 노트, 공책

→ _____

14 지도

→ _____

15 비싼

→ _____

16 그림, 사진

→ _____

듣고 따라 말해 봅시다.

□ **park** [pɑ:rk]	공원	□ **beautiful** [bjú:tifl]	아름다운
□ **dolphin** [dá:lfin]	돌고래	□ **rainbow** [réinbòu]	무지개
□ **flag** [flæg]	깃발	□ **poster** [póustər]	포스터
□ **closet** [klá:zət]	벽장	□ **homework** [hóumwə̀rk]	숙제
□ **problem** [prá:bləm]	문제	□ **room** [ru(:)m]	방
□ **ship** [ʃip]	배	□ **soda** [sóudə]	탄산음료
□ **bowl** [boul]	(우묵한) 그릇	□ **clown** [klaun]	광대
□ **exciting** [iksáitiŋ]	신나는	□ **bank** [bæŋk]	은행
□ **festival** [féstivl]	축제	□ **house** [haus]	집
□ **pretty** [príti]	예쁜	□ **bookstore** [búkstɔ̀:r]	서점

23

다음 영어는 우리말로, 우리말은 영어로 쓰세요.

1 pretty

→ _____

2 dolphin

→ _____

3 flag

→ _____

4 closet

→ _____

5 problem

→ _____

6 beautiful

→ _____

7 bowl

→ _____

8 exciting

→ _____

9 축제

→ _____

10 공원

→ _____

11 무지개

→ _____

12 포스터

→ _____

13 방

→ _____

14 광대

→ _____

15 은행

→ _____

16 서점

→ _____

많은 양의 문제로 기초를 다지는
초등 Grammar Inside

1 2 3 6 5 6

초등 단계에 꼭 필요한 문법 선별
· 도식과 예문 중심의 간결한 설명으로 빠르게 영문법 기초 학습 가능

다양한 유형, 풍부한 연습문제로 문제 풀이 능력 향상
· 실제 단원평가, 진단평과 유형과 유사한 Review Test 제공
· 실전 TEST, 총괄평가 문제 풀이로 실전 자신감 향상

반복적 문법 연습을 위한 워크북 제공

NE능률 교재 MAP

아래 교재 MAP을 참고하여 본인의 현재 혹은 목표 수준에 따라 교재를 선택하세요.
NE능률 교재들과 함께 영어실력을 쑥쑥~ 올려보세요!
MP3 등 교재 부가 학습 서비스 및 자세한 교재 정보는 www.nebooks.co.kr 에서 확인하세요.

문법
구문

초1-2	초3	초3-4	초4-5	초5-6
	그래머버디 1	그래머버디 2	그래머버디 3	Grammar Bean 3
	초등영어 문법이 된다 Starter 1	초등영어 문법이 된다 Starter 2	Grammar Bean 1	Grammar Bean 4
		초등 Grammar Inside 1	Grammar Bean 2	초등영어 문법이 된다 2
		초등 Grammar Inside 2	초등영어 문법이 된다 1	초등 Grammar Inside 5
			초등 Grammar Inside 3	초등 Grammar Inside 6
			초등 Grammar Inside 4	

초6-예비중	중1	중1-2	중2-3	중3
능률중학영어 예비중	능률중학영어 중1	능률중학영어 중2	Grammar Zone 기초편	능률중학영어 중3
Grammar Inside Starter	Grammar Zone 입문편	1316 Grammar 2	Grammar Zone 워크북 기초편	문제로 마스터하는 중학영문법 3
원리를 더한 영문법 STARTER	Grammar Zone 워크북 입문편	문제로 마스터하는 중학영문법 2	1316 Grammar 3	Grammar Inside 3
	1316 Grammar 1	Grammar Inside 2	원리를 더한 영문법 2	열중 16강 문법 3
	문제로 마스터하는 중학영문법 1	열중 16강 문법 2	중학영문법 총정리 모의고사 2	중학영문법 총정리 모의고사 3
	Grammar Inside 1	원리를 더한 영문법 1	쓰기로 마스터하는 중학서술형 2학년	쓰기로 마스터하는 중학서술형 3학년
	열중 16강 문법 1	중학영문법 총정리 모의고사 1	중학 천문장 3	
	쓰기로 마스터하는 중학서술형 1학년	중학 천문장 2		
	중학 천문장 1			

예비고–고1	고1	고1-2	고2-3	고3
문제로 마스터하는 고등영문법	Grammar Zone 기본편 1	필히 통하는 고등 영문법 실력편	Grammar Zone 종합편	
올클 수능 어법 start	Grammar Zone 워크북 기본편 1	필히 통하는 고등 서술형 실전편	Grammar Zone 워크북 종합편	
천문장 입문	Grammar Zone 기본편 2	TEPS BY STEP G+R Basic	올클 수능 어법 완성	
	Grammar Zone 워크북 기본편 2		천문장 완성	
	필히 통하는 고등 영문법 기본편			
	필히 통하는 고등 서술형 기본편			
	천문장 기본			

수능 이상/ 토플 80-89· 텝스 600-699점	수능 이상/ 토플 90-99· 텝스 700-799점	수능 이상/ 토플 100· 텝스 800점 이상		
TEPS BY STEP G+R 1	TEPS BY STEP G+R 2	TEPS BY STEP G+R 3		

초등학생의 영어 친구

그래머버디
WORKBOOK

1

NE 능률

초등학생의 영어 친구

그래머버디
WORKBOOK

1

A 다음 중 명사를 찾아 쓰세요.

Vocabulary

sick	news	health	cheese	sit
air	under	science	fast	office
very	sand	potato	Europe	smart

_____ _____ _____

_____ _____ _____

_____ _____ _____

B 다음 문장에서 명사를 모두 찾아 O 하세요.

1 We watch a movie.

2 Sam lives in Seoul.

3 Her voice is beautiful.

4 She needs a new chair.

5 They eat green apples.

6 His father is a doctor.

7 The teacher is very kind.

B
live 살다
voice 목소리
beautiful 아름다운
need 필요로 하다
new 새, 새로운
doctor 의사
teacher 교사, 선생님
kind 친절한

C 다음 명사의 뜻을 쓰고, 명사의 종류로 알맞은 것에 O 하세요.

Vocabulary

1 fun _____ (셀 수 있는 명사 / 셀 수 없는 명사)

2 luck _____ (셀 수 있는 명사 / 셀 수 없는 명사)

3 leg _____ (셀 수 있는 명사 / 셀 수 없는 명사)

4 actor _____ (셀 수 있는 명사 / 셀 수 없는 명사)

5 meat _____ (셀 수 있는 명사 / 셀 수 없는 명사)

6 animal _____ (셀 수 있는 명사 / 셀 수 없는 명사)

7 China _____ (셀 수 있는 명사 / 셀 수 없는 명사)

8 library _____ (셀 수 있는 명사 / 셀 수 없는 명사)

9 bread _____ (셀 수 있는 명사 / 셀 수 없는 명사)

10 Spain _____ (셀 수 있는 명사 / 셀 수 없는 명사)

11 flower _____ (셀 수 있는 명사 / 셀 수 없는 명사)

12 peace _____ (셀 수 있는 명사 / 셀 수 없는 명사)

13 paper _____ (셀 수 있는 명사 / 셀 수 없는 명사)

14 spoon _____ (셀 수 있는 명사 / 셀 수 없는 명사)

15 fire _____ (셀 수 있는 명사 / 셀 수 없는 명사)

16 window _____ (셀 수 있는 명사 / 셀 수 없는 명사)

D 다음 명사들을 알맞게 분류하여 쓰세요.

Vocabulary

Ⓓ
math 수학
time 시간
science 과학
happiness 행복

butter	Mexico	math	love
rain	milk	hope	Tiffany
Italy	Jake	time	science
Hawaii	cake	New York	happiness

1 사람 이름 _____ _____

2 과목 이름 _____ _____

3 지역 _____ _____

_____ _____

4 모양이 일정하지 않은 것 _____ _____

_____ _____

5 만지거나 볼 수 없는 것 _____ _____

_____ _____

E 다음 문장에서 밑줄 친 명사가 셀 수 있는 명사이면 O, 셀 수 없는 명사이면 X 하세요.

1 I like <u>English</u>. _____

2 We love <u>music</u>. _____

3 I am a <u>student</u>. _____

4 She rides a <u>bike</u>. _____

5 They drink <u>water</u>. _____

6 My mother is a <u>nurse</u>. _____

7 Julie is my best <u>friend</u>. _____

Vocabulary

E
student 학생
ride 타다
drink 마시다
water 물
nurse 간호사
best friend
가장 친한 친구

F 다음 중 첫글자를 대문자로 써야 하는 명사를 찾아 바르게 고쳐 쓰세요.

gold	london	alice	bear
korea	daniel	name	hand
hair	french	juice	japan

_____ _____ _____

_____ _____ _____

F
gold 금
bear 곰
name 이름
hard 손
hair 머리카락

UNIT 02 명사의 복수형

A 다음 우리말과 영어 표현을 바르게 연결하세요.

Vocabulary

1 버스 두 대 •   • a   a chicken

2 물고기 세 마리 •   • b   two buses

3 감자 네 개 •   • c   four potatoes

4 닭 한 마리 •   • d   a pair of shoes

5 우유 두 잔 •   • e   three fish

6 신발 한 켤레 •   • f   two cups of milk

B 다음 명사의 복수형으로 알맞은 것을 고르세요.

1 box (boxs / boxes)

2 wolf (wolfes / wolves)

3 movie (movie / movies)

4 sheep (sheep / sheeps)

5 woman (woman / women)

6 church (churchs / churches)

7 window (windows / windowes)

8 country (countrys / countries)

B
wolf 늑대
movie 영화
sheep 양
woman 여자
church 교회
country 국가, 나라

C 다음 명사를 세는 단위로 알맞은 것을 고르세요.

Vocabulary

C
tea 차
glove 장갑

1 tea   a (cup / piece) of tea

2 bread   a (pair / loaf) of bread

3 water   a (slice / glass) of water

4 sugar   a (spoonful / piece) of sugar

5 gloves   a (bowl / pair) of gloves

D 우리말과 같은 뜻이 되도록 〈보기〉의 단어를 이용하여 빈칸에 알맞은 말을 쓰세요.

D
rice 쌀, 밥
glasses 안경
cheese 치즈
salt 소금

| 〈보기〉 | slice | spoonful | bowl | cup | pair |

1 밥 네 그릇   four _____ of rice

2 안경 세 개   three _____ of glasses

3 커피 세 잔   three _____ of coffee

4 치즈 두 조각   two _____ of cheese

5 소금 두 스푼   two _____ of salt

E 〈보기〉와 같은 관계가 되도록 빈칸에 알맞은 말을 쓰세요.

〈보기〉　map – maps

1　foot　– _____

2　class　– _____

3　lady　– _____

4　knife　– _____

5　beach　– _____

6　apple　– _____

7　radio　– _____

8　deer　– _____

9　actor　– _____

10　body　– _____

11　child　– _____

12　day　– _____

F 다음을 복수로 표현할 때 빈칸에 알맞은 말을 쓰세요.

1　a cup of milk

　→ five _____ _____ _____

2　a piece of cake

　→ two _____ _____ _____

3　a spoonful of sugar

　→ two _____ _____ _____

4　a pair of pants

　→ three _____ _____ _____

Vocabulary

E

map 지도
foot 발
class 학급, 수업
beach 해변
actor 배우
body 몸
child 아이, 어린이

F

pants 바지

G 주어진 단어를 이용하여 빈칸에 알맞은 형태로 쓰세요.

1 Anna has two _____. (baby)

2 Five _____ are heavy. (box)

3 Three _____ sing. (man)

4 The boy has two _____. (toy)

5 We need eight _____. (strawberry)

6 I see six _____ in the picture. (wolf)

7 The baby has four _____ now. (tooth)

8 Brian buys two _____ today. (fish)

9 There are three _____. (mouse)

10 There are ten _____ on the table. (dish)

11 I have five _____ of _____. (loaf, bread)

12 We drink four _____ of _____.
    (glass, water)

13 There are three _____ of _____.
    (pair, sock)

Vocabulary

G
heavy 무거운
sing 노래하다
toy 장난감
strawberry 딸기
see 보다
picture 사진, 그림
tooth 이빨
buy 사다
mouse 쥐
dish 접시

UNIT 03 관사

 A 다음 문장에서 관사가 들어갈 위치에 ✓ 하세요.

1   ① apple ② is ③ on the table.

2   Elsa ① is ② beautiful ③ princess.

3   My ① sister ② has ③ computer.

4   ① Russia ② is ③ big country.

5   They ① need ② table ③ and two chairs.

6   David has a pet. He ① loves ② pet ③.

B 다음 빈칸에 a나 an 중 알맞은 것을 쓰세요. (필요하지 않으면 X 하세요.)

1	_____ owl	7	_____ doctor
2	_____ juice	8	_____ mouse
3	_____ China	9	_____ children
4	_____ island	10	_____ desks
5	_____ Alice	11	_____ apple
6	_____ mirror	12	_____ office

Vocabulary

Ⓐ
princess 공주
country 국가, 나라
pet 애완동물

Ⓑ
owl 부엉이, 올빼미
island 섬
mirror 거울
children 어린이들
desk 책상
office 사무실

C ( ) 안에서 알맞은 것을 고르세요.

1   Tom is (a / an / the) actor. He is tall.

2   Greg sits on a chair. (A / An / The) chair is blue.

3   He has a toy. (A / An / The) toy is cute.

4   Fiona has (a / an / the) brother and two sisters.

5   They play (a / an / the) song. The song is beautiful.

6   There is an orange. Tony eats (a / an / the) orange.

7   Clara buys strawberries. (A / An / The) strawberries are delicious.

D 다음 명사들을 알맞게 분류하여 쓰세요.

moon	lunch	onion	math
girl	earth	letter	dinner
sky	beauty	sun	Korean

1   항상 the를 쓰는 명사

_____   _____

_____   _____

2   관사를 쓰지 않는 명사

_____   _____

_____   _____

Vocabulary

C

actor 배우
tall 키가 큰
sit 앉다
cute 귀여운
play 연주하다
eat 먹다
delicious 맛있는

D

moon 달
lunch 점심 식사
onion 양파
math 수학
earth 지구
dinner 저녁 식사
letter 편지
beauty 아름다움

E 다음 빈칸에 알맞은 관사를 쓰세요. (필요하지 않으면 X 하세요.)

1 I have _____ breakfast at 8 a.m.

2 They play _____ basketball together.

3 Josh plays _____ piano very well.

4 She lives in _____ Germany.

5 They study _____ French every day.

6 There are two birds in _____ sky.

7 _____ moon is bright tonight.

8 Mr. White teaches _____ science.

9 Jessica is _____ good friend.

10 Anna eats a sandwich for _____ lunch.

11 We play _____ soccer after school.

12 Mike looks at _____ blue sea.

13 She speaks _____ English well.

14 My backpack is old. I need _____ new backpack.

15 Bananas and oranges are on the table. I want _____ bananas.

Vocabulary

E
breakfast 아침 식사
basketball 농구
every day 매일
bright 밝은
tonight 오늘 밤에
science 과학
look at …을 보다
speak 말하다
backpack 배낭
old 낡은, 오래된
want 원하다

다음 우리말과 같은 뜻이 되도록 빈칸에 알맞은 관사를 쓰세요.

1 그는 우산 한 개를 산다.

→ He buys _____ umbrella.

2 태양은 매우 뜨겁다.

→ _____ sun is very hot.

3 이것은 새 기타이다.

→ This is _____ new guitar.

4 나는 종종 바다에서 수영을 한다.

→ I often go swimming in _____ sea.

5 우리 아빠는 바이올린을 연주하신다.

→ My father plays _____ violin.

6 그는 그의 친구에게 이메일 하나를 보낸다.

→ He sends _____ e-mail to his friend.

7 내 치마에 구멍이 났다.

→ My skirt has _____ hole in it.

8 부엌에 쥐 한 마리가 있다.

→ There is _____ mouse in the kitchen.

9 나는 한 소녀를 안다. 그 소녀는 사랑스럽다.

→ I know _____ girl. _____ girl is lovely.

Vocabulary

umbrella 우산
hot 더운, 뜨거운
often 자주, 종종
swim 수영하다
send 보내다
skirt 치마
hole 구멍
kitchen 부엌
know 알다
lovely 사랑스러운

UNIT 04 인칭대명사

A 다음 문장에서 대명사에 O 하고, 알맞은 격에 ✓ 하세요.

1   We have a sister.
   □ 주격   □ 소유격   □ 목적격   □ 소유대명사

2   People like your voice.
   □ 주격   □ 소유격   □ 목적격   □ 소유대명사

3   The backpack is mine.
   □ 주격   □ 소유격   □ 목적격   □ 소유대명사

4   The baby is with us.
   □ 주격   □ 소유격   □ 목적격   □ 소유대명사

5   The umbrella is his.
   □ 주격   □ 소유격   □ 목적격   □ 소유대명사

6   The school is near my house.
   □ 주격   □ 소유격   □ 목적격   □ 소유대명사

B 다음 명사를 대신하는 대명사로 알맞은 것을 고르세요.

1   the girl   (he / she)

2   the rabbit   (it / they)

3   his parents   (he / they)

4   Tom and Patrick   (you / they)

5   my friends and I   (we / they)

6   potatoes and onions   (it / they)

Vocabulary

Ⓐ
sister
언니, 누나, 여동생
people 사람들
like 좋아하다
voice 목소리
near
…에서 가까이, 가까운
house 집

Ⓑ
girl 소녀
rabbit 토끼
potato 감자
parents 부모님

C 다음 대명사와 우리말을 바르게 연결하세요.

Vocabulary

1 me   •   • a 그를

2 ours   •   • b 그들을

3 its   •   • c 우리의 것

4 him   •   • d 그녀는

5 theirs   •   • e 그들의 것

6 she   •   • f 그것의

7 them   •   • g 나를

D (   ) 안에서 알맞은 것을 고르세요.

1 (They / Their / Them) live in New York.

2 The gloves are (he / his / him).

3 I buy flowers for (she / her / hers).

4 (You / Your / Yours) hat looks nice.

5 (She / Her / Hers) has long hair.

6 This ticket is (you / your / yours).

7 Joe and Terry are (I / my / me) friends.

8 Ms. Davis likes (we / our / us) very much.

Ⓓ
buy 사다
flower 꽃
nice 좋은
long (길이가) 긴
hair 머리카락
ticket 표
much 많은

E 다음 문장에서 밑줄 친 부분을 알맞은 대명사로 바꿔 쓰세요.

1 The prince looks happy. → _____

2 Eric plays the piano very well. → _____

3 Dad loves me and my brother. → _____

4 My favorite subject is English. → _____

5 He writes a letter to his children. → _____

6 I want a new jacket and pants. → _____

7 Mary visits her aunt on Saturdays. → _____

F 다음 빈칸에 알맞은 말을 〈보기〉에서 골라 쓰세요.

| 〈보기〉 she   it   their   her   its |

1 I like Tiffany. _____ is very smart.

2 Do you see my new car? _____ color is black.

3 She has a camera. _____ camera is new.

4 Ben and Anna have a cat. _____ cat is cute.

5 This is my bedroom. I clean _____ every day.

G 주어진 말을 빈칸에 알맞은 형태로 바꿔 쓰세요.

1   Olivia hates _____. (he)

2   The balloons are _____. (I)

3   _____ house is near the library. (we)

4   The red sweater is _____. (she)

5   They love _____ very much. (I)

6   _____ father is a dentist. (she)

7   The sandwich is _____. (he)

8   Gavin always helps _____. (we)

9   _____ garden is so beautiful. (you)

10 The textbooks are _____. (we)

11 Lucy invites _____ to the party. (they)

12 I know _____ color and size. (it)

13 This toothbrush is _____. (you)

14 The doughnuts are _____. (they)

15 Jack meets _____ on Mondays. (she)

Vocabulary

G

hate 싫어하다
balloon 풍선
library 도서관
sweater 스웨터
dentist 치과 의사
always 항상
help 돕다
garden 정원
textbook 교과서
invite 초대하다
size 크기, 치수
toothbrush 칫솔
doughnut 도넛
meet 만나다

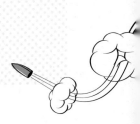

UNIT 05 be동사 1

 다음 문장에서 be동사에 O 하세요.

1   They are tired.

2   It is a small cup.

3   New York is a big city.

4   Judy and I are in the kitchen.

5   This jacket is very expensive.

6   Your glasses are on the table.

7   The student is in the classroom.

B ( ) 안에서 알맞은 것을 고르세요.

1   Foxes (is / are) smart.

2   Alex (is / are) a dancer.

3   Sugar (is / are) sweet.

4   The streets (is / are) clean.

5   The jacket (is / are) too big for me.

6   Mr. Elliot (is / are) from the US.

7   Your sisters (is / are) nice and kind.

Vocabulary

A
tired 피곤한
small 작은
city 도시
expensive 비싼
classroom 교실

B
fox 여우
dancer 무용수, 댄서
sweet 달콤한
street 거리
clean 깨끗한
too 너무
big 큰
kind 친절한

C 다음 빈칸에 알맞은 말을 〈보기〉에서 골라 쓰세요.

〈보기〉   am   are   is

1   I _____ hungry now.

2   You _____ very tall.

3   We _____ good friends.

4   They _____ in the library.

5   She _____ a careful driver.

6   The movie _____ interesting.

7   It _____ your birthday present.

D 다음 문장에서 밑줄 친 부분을 줄임형으로 쓰세요.

1   It is his pencil.   → _____

2   I am a pianist.   → _____

3   They are in the garden.   → _____

4   She is a science teacher. → _____

5   You are a great artist.   → _____

6   We are from Australia.   → _____

Vocabulary

C
hungry 배고픈
careful 주의 깊은
driver 운전자, 기사
present 선물
interesting
재미있는, 흥미로운

D
pencil 연필
pianist 피아니스트
garden 뜰, 정원
artist 예술가
Australia 호주

E 다음 우리말과 같은 뜻이 되도록 빈칸에 알맞은 be동사를 쓰세요.

Vocabulary

E
strong 강한
policeman 경찰관
sick 아픈
busy 바쁜
eye 눈
bank 은행
office 사무실

1 너는 정말 강하다.

→ You _____ so strong.

2 그것은 좋은 영화이다.

→ It _____ a good movie.

3 그들은 경찰관이다.

→ They _____ policemen.

4 나는 오늘 아프다.

→ I _____ sick today.

5 로빈과 나는 바쁘다.

→ Robin and I _____ busy.

6 그녀의 눈은 파랗다.

→ Her eyes _____ blue.

7 은행은 나의 집 근처에 있다.

→ The bank _____ near my house.

8 스미스 씨는 사무실에 있다.

→ Mr. Smith _____ in the office.

밑줄 친 부분이 맞으면 O 하고, 틀리면 바르게 고쳐 쓰세요.

1 The women <u>is</u> beautiful.　　→　_____

2 It'<u>s</u> a large building.　　→　_____

3 Cheese <u>are</u> delicious.　　→　_____

4 I <u>am</u> a student.　　→　_____

5 He <u>am</u> a polite man.　　→　_____

6 I'<u>am</u> a math teacher.　　→　_____

7 <u>She're</u> a beautiful actress.　　→　_____

8 The dolls <u>is</u> mine.　　→　_____

9 Your bag <u>is</u> heavy.　　→　_____

10 The teachers <u>is</u> angry now.　　→　_____

11 Their son <u>are</u> young.　　→　_____

12 It <u>are</u> a quiet place.　　→　_____

13 France and Germany <u>is</u> in Europe.

　　→　_____

14 Megan and her brother <u>are</u> nice people.

　　→　_____

Vocabulary

delicious 맛있는
large 큰
student 학생
polite 예의 바른
actress 여배우
doll 인형
quiet 조용한
angry 화난
place 장소
people 사람들

UNIT 06 be동사 2: 부정문과 의문문

 A 다음 문장에서 not이 들어갈 위치에 ✓ 하세요.

1   ① I am ② sleepy ③ now.

2   Their aunt is ① a ② nurse ③.

3   Gary ① is ② my ③ classmate.

4   We are ① good ② dancers ③.

5   The ① movies ② are ③ interesting.

6   Her name ① is ② Jennifer Watson ③.

7   The ① children ② are ③ very polite.

Vocabulary

Ⓐ
sleepy 졸리는
now 지금
nurse 간호사
classmate 반 친구
dancer 무용수
interesting
재미있는, 흥미로운
children 아이들

B 다음 문장의 밑줄 친 부분을 줄임형으로 쓰세요.

1   We <u>are not</u> tired.   → We _____ tired.

2   You <u>are not</u> alone.   → You _____ alone.

3   He <u>is not</u> in London.   → He _____ in London.

4   She <u>is not</u> Japanese.   → She _____ Japanese.

5   It <u>is not</u> on the table. → It _____ on the table.

6   They <u>are not</u> elephants. → They _____ elephants.

Ⓑ
tired 피로한
alone 혼자인
elephant 코끼리

C ( ) 안에서 알맞은 말을 고르세요.

Vocabulary

C
smart 똑똑한
test 시험
lawyer 변호사
daughter 딸
doughnut 도넛
warm 따뜻한
tennis player
테니스 선수
ballerina 발레리나
famous 유명한
cousin 사촌
library 도서관
funny
웃기는, 재미있는
kind 친절한, 다정한

1 (I'm not / I amn't) very smart.

2 The test (is not / not is) easy.

3 (She's not / She's isn't) a lawyer.

4 (Is / Are) your daughters young?

5 (They are / Are they) always busy?

6 A: Am I late again?
   B: Yes, (we are / you are).

7 This doughnut (isn't / aren't) warm.

8 It (is not / are not) heavy box.

9 (Is / Are) their father a tennis player? `

10 (The ballerina are / Is the ballerina) famous?

11 Your computer (is not / are not) on the desk.

12 A: Is that boy your cousin?
   B: No, (he is / he isn't).

13 A: Is the library near your school?
   B: Yes, (it's / it is).

14 A: Are Finn and Kevin funny?
   B: Yes, (he is / they are).

D 다음 문장을 의문문으로 바꿀 때 빈칸에 알맞은 말을 쓰세요.

1 Terry is kind.

→ _____ _____ kind?

2 Bananas are yellow.

→ _____ _____ yellow?

3 You're an actor.

→ _____ _____ an actor?

4 They are teachers.

→ _____ _____ teachers?

E 다음 질문에 대한 대답으로 알맞은 말을 쓰세요.

1 Is she a cook?

→ Yes, _____ _____.

2 Are they from China?

→ No, _____ _____.

3 Is it a cheeseburger?

→ Yes, _____ _____.

4 Is the lemon sweet?

→ No, _____ _____.

5 Are you a reporter?

→ No, _____ _____.

Vocabulary

D
actor 배우

E
cook 요리사
sweet 달콤한
reporter 기자, 리포터

f 다음 우리말과 같은 뜻이 되도록 ( ) 안의 말을 바르게 배열하세요.

Vocabulary

f
cheap
싼, 가격이 저렴한
writer 작가
comic book 만화책
firefighter 소방관
neighbor 이웃
singer 가수

1 금은 값이 싸지 않다. (is / gold / cheap / not)

→ _____

2 그는 작가가 아니다. (he / is / a writer / not)

→ _____

3 그것은 만화책이니? (is / a comic book / it)

→ _____

4 그것들은 네 신발이니? (your / are / shoes / they)

→ _____

5 벤과 제이크는 소방관이니? (firefighters / are / Ben and Jake)

→ _____

6 브렌다가 네 이웃이니? (Brenda / your / is / neighbor)

→ _____

7 우리는 유명한 가수가 아니다. (famous / we / aren't / singers)

→ _____

8 제레미가 너의 형이니? (brother / your / Jeremy / is)

→ _____

9 그들은 내 친구들이 아니다. (aren't / friends / my / they)

→ _____

UNIT 07 일반동사 1

A 다음 문장에서 일반동사에 O 하고, 동사원형을 쓰세요.

1 We like pasta very much. → _____

2 Mr. Murray teaches science. → _____

3 The bird flies high in the sky. → _____

4 Darren often wears sunglasses. → _____

5 Jane and I visit the art gallery. → _____

6 My father goes jogging every day. → _____

B 다음 동사의 3인칭 단수형으로 알맞은 것을 고르세요.

1 have   (has / haves)

2 mix   (mixs / mixes)

3 hate   (hates / haties)

4 finish   (finishs / finishes)

5 say   (says / saies)

6 do   (dos / does)

7 study   (studys / studies)

8 know   (knows / knowes)

Vocabulary

A
pasta 파스타
fly 날다
high 높이
sunglasses 선글라스
art gallery 미술관
go jogging
조깅하러 가다
every day 매일

B
mix 섞다
hate 싫어하다
finish 끝내다
say 말하다
know 알다

C   (   ) 안에서 알맞은 것을 고르세요.

1   (Philip / They) washes the baby.

2   They (have / has) dinner at 7 p.m.

3   (The man / You) live in a small town.

4   This tree (grow / grows) well in the sun.

5   (She / They) watches the news at night.

6   (Sarah / The girls) sends an e-mail to her teacher.

7   Lisa and John (drink / drinks) a cup of coffee every day.

D   주어진 말을 빈칸에 알맞은 형태로 쓰세요.

1   enjoy   We _____ this book.

         Ms. Moore _____ the party.

2   bake   My sister and I _____ cakes.

         Jenny often _____ delicious bread.

3   love   The girl _____ red roses.

         My parents _____ me very much.

4   feed   The farmer _____ his chicken.

         They _____ their cat in the morning.

Vocabulary

C
live 살다
town (소)도시
news 소식, 뉴스
at night 밤에
send 보내다

D
often 자주, 흔히
always 항상
feed 먹이를 주다
farmer 농부
chicken 닭

E 주어진 단어를 빈칸에 알맞은 형태로 쓰세요.

1 They _____ movies. (like)

2 Emily _____ her teeth. (brush)

3 Gary and William _____ soccer. (play)

4 The old man _____ angry today. (look)

5 Her daughter _____ many toys. (have)

6 You _____ a new pair of gloves. (need)

7 The students always _____ happy. (feel)

8 Mr. Jones _____ to work at eight o'clock. (go)

9 I often _____ the boy in the street. (meet)

10 The boys _____ French very well. (speak)

11 My grandmother _____ many books. (read)

12 My sister _____ her room every day. (clean)

13 Sally _____ her homework after school. (do)

14 Julie _____ tomatoes and cheese in a bowl. (mix)

15 The school bus _____ my house at 8:30 a.m. (pass)

Vocabulary

E
look
보다; *…처럼 보이다
many 많은
gloves 장갑
street 길
meet 만나다
French 프랑스어
well 잘, 제대로
clean 청소하다
do one's homework
숙제를 하다
bowl (우묵한) 그릇
pass 지나가다

F 다음과 같이 주어를 바꿀 때, 동사에 유의하여 문장을 다시 쓰세요.

Vocabulary

F
agree 동의하다
idea 생각
a lot of 많은
sandwich 샌드위치
shop 가게

1   We agree with your idea.

→ Colin _____ .

2   The boy drinks a lot of water.

→ I _____ .

3   She goes swimming every day.

→ Robin and I _____ .

4   Many people buy sandwiches at this shop.

→ Mom _____ .

G 우리말과 같은 뜻이 되도록 〈보기〉의 단어를 이용하여 문장을 완성하세요.

G
fix 고치다
arrive 도착하다
hard 열심히

〈보기〉   cook   fix   arrive   study

1   그는 영어를 열심히 공부한다.

→ He _____ English hard.

2   그들은 그 컴퓨터를 고친다.

→ They _____ the computer.

3   우리 아빠는 요리를 매우 잘한다.

→ My father _____ very well.

4   이 기차는 오후 세 시에 서울에 도착한다.

→ This train _____ in Seoul at 3 p.m.

UNIT 08 일반동사 2: 부정문과 의문문

A 다음 빈칸에 들어갈 말로 알맞은 것을 고르세요.

1 Cathy _____ like math.
   ☐ do not   ☐ does not

2 _____ your sister drive?
   ☐ Do   ☐ Does

3 The man _____ run fast.
   ☐ do not   ☐ does not

4 Chickens _____ fly high.
   ☐ do not   ☐ does not

5 _____ the girl have a dog?
   ☐ Do   ☐ Does

6 We _____ enjoy spicy food.
   ☐ do not   ☐ does not

7 _____ this bus go to Busan?
   ☐ Do   ☐ Does

8 _____ they like Korean food?
   ☐ Do   ☐ Does

9 _____ she speak English well?
   ☐ Do   ☐ Does

10 _____ you always eat breakfast?
   ☐ Do   ☐ Does

Vocabulary

A
math 수학
drive 운전하다
fast 빠르게
spicy 매운
breakfast 아침 식사

B 다음 문장의 밑줄 친 부분을 줄임형으로 쓰세요.

1   Terry does not have an umbrella.

→ Terry _____ have an umbrella.

2   I do not buy my clothes online.

→ I _____ buy my clothes online.

3   You do not get up early in the morning.

→ You _____ get up early in the morning.

4   My father does not remember your name.

→ My father _____ remember your name.

Vocabulary

B
umbrella 우산
online 온라인의
get up 일어나다
early 일찍
remember 기억하다

C 다음 질문에 알맞은 대답을 연결하세요.

1   Does she have a blog?   •   • a   No, I don't.

2   Does Eric play golf?   •   • b   Yes, it does.

3   Do we have some money?   •   • c   Yes, they do.

4   Do you want a candy?   •   • d   Yes, she does.

5   Does the pie smell good?   •   • e   No, we don't.

6   Do the boys go hiking?   •   • f   No, he doesn't.

C
blog
(인터넷의) 블로그
golf 골프
want 원하다
smell 냄새가 나다
go hiking
하이킹을 가다

D ( ) 안에서 알맞은 것을 고르세요.

1 Do they (sell / sells) fresh fruit?

2 Does the dog (have / has) a long tail?

3 I (do not like / do like not) Mexican food.

4 The boy (do not / does not) get up early.

5 Sue (doesn't write / doesn't writes) a diary.

6 These cookies (aren't / don't) look delicious.

E 다음 우리말과 같은 뜻이 되도록 주어진 말을 이용하여 문장을 완성하세요.

1 데런은 교회에 가지 않는다. (go)

→ Darren _____ _____ to the church.

2 린다는 금발 머리를 가지고 있니? (have)

→ _____ Linda _____ blond hair?

3 너는 발레를 매일 배우니? (learn)

→ _____ you _____ ballet every day?

4 나는 그의 이메일 주소를 모른다. (know)

→ I _____ _____ his e-mail address.

F 다음 문장을 (   ) 안의 지시대로 바꿔 쓰세요.

Vocabulary

F
baker 제빵사
ask 묻다
a lot of 많은
do the laundry
빨래를 하다
beautiful 아름다운
garden 뜰, 정원

1 Tom likes chocolate ice cream. (의문문)

→ _____

2 The baker mixes milk and eggs. (부정문)

→ _____

3 Children ask a lot of questions. (의문문)

→ _____

4 Mr. Robinson works on Sundays. (의문문)

→ _____

5 Todd and I enjoy action movies. (부정문)

→ _____

6 Her father does the laundry. (부정문)

→ _____

7 His house has a beautiful garden. (의문문)

→ _____

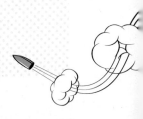

UNIT 09 지시대명사

A 다음 문장에서 지시대명사에 O 하고, 알맞은 뜻에 ✓ 하세요.

1 This is a butterfly.

☐ 이것   ☐ 저것   ☐ 이것들   ☐ 저것들

2 Are those your notebooks?

☐ 이것   ☐ 저것   ☐ 이것들   ☐ 저것들

3 These are chocolate cookies.

☐ 이것   ☐ 저것   ☐ 이것들   ☐ 저것들

4 That is not my grandfather.

☐ 이 사람   ☐ 저 사람   ☐ 이 사람들   ☐ 저 사람들

A
butterfly 나비
notebook 공책

B ( ) 안에서 알맞은 것을 고르세요.

1 (This / These) is a museum.

2 (This / These) are cupcakes.

3 (That / Those) is my new wallet.

4 (This / These) are not roses.

5 Is (that / those) a map?

6 That (isn't / aren't) a camera.

7 (Are these / Is this) your soccer ball?

8 These (isn't / aren't) your boots.

B
museum 박물관
wallet 지갑
rose 장미
map 지도
boots 부츠

C 다음 문장을 (   ) 안의 지시대로 바꿔 쓰세요.

Vocabulary

C
alarm clock 자명종
ticket 표
dolphin 돌고래

1 This is an alarm clock. (의문문)

→ _____

2 This is my ticket. (부정문)

→ _____

3 These are dolphins. (의문문)

→ _____

4 That is Mr. Hayes. (부정문)

→ _____

5 Those are school buses. (부정문)

→ _____

D 다음 빈칸에 알맞은 말을 쓰세요.

D
sweater 스웨터
painting 그림

1 A: Is this your sweater?   B: Yes, _____ _____.

2 A: Are those birds?   B: No, _____ _____.

3 A: Is that a cat?   B: No, _____ _____.

4 A: Are these your friends? B: Yes, _____ _____.

5 A: Is that her painting?   B: Yes, _____ _____.

E 다음 우리말과 같은 뜻이 되도록 빈칸에 알맞은 말을 쓰세요.

Vocabulary

E
airplane 비행기
bike 자전거
comic book 만화책
monkey 원숭이
parents 부모님

1 저 사람이 톰이니?   _____ _____ Tom?

2 이분은 나의 선생님이야.   _____ _____ my teacher.

3 이것들이 그들의 장난감이니?   _____ _____ their toys?

4 저것은 비행기가 아니야.   _____ _____ an airplane.

5 이것들은 네 책이야.   _____ _____ your books.

6 이것은 그의 자전거가 아니야. _____ _____ his bike.

7 저것들은 만화책이야.   _____ _____ comic books.

8 이것은 내 컴퓨터야.   _____ _____ my computer.

9 저것들은 토마토가 아니야.   _____ _____ tomatoes.

10 이것들은 내 사탕이 아니야. _____ _____ my candies.

11 이것이 네 고양이니?   _____ _____ your cat?

12 저것들은 원숭이니?   _____ _____ monkeys?

13 저 사람은 내 친구가 아니야. _____ _____ my friend.

14 이분들은 내 부모님이야.   _____ _____ my parents.

다음 우리말과 같은 뜻이 되도록 ( ) 안의 말을 바르게 배열하세요.

Vocabulary

dish 접시
onion 양파
wolf 늑대
uncle 삼촌
ship 배
necklace 목걸이

1 이것은 양파이다. (is / an onion / this)

→ _____

2 저것들은 쥐이다. (those / mice / are)

→ _____

3 이것은 늑대니? (this / a wolf / is)

→ _____

4 저것들은 접시가 아니다. (dishes / not / those / are)

→ _____

5 이 사람은 내 삼촌이다. (my / is / uncle / this)

→ _____

6 저 사람은 브라운 씨이다. (is / that / Mr. brown)

→ _____

7 이것들은 양말이니? (these / socks / are)

→ _____

8 저것은 배가 아니다. (is / a ship / not / that)

→ _____

9 이것은 그녀의 목걸이가 아니다.

(necklace / not / this / is / her)

→ _____

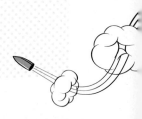

UNIT 10 There is/are

A 다음 우리말과 일치하는 문장을 고르세요.

1 회색 고양이가 있다.
   a That is a gray cat.
   b There is a gray cat.

2 학생이 두 명 있다.
   a There are two students.
   b They are two students.

3 탁자 위에 상자가 있다.
   a The table is on a box.
   b There is a box on the table.

4 하늘에 풍선들이 있다.
   a There are balloons in the sky.
   b These are balloons in the sky.

5 카레 안에 당근들이 있다.
   a These are carrots in the curry.
   b There are carrots in the curry.

B There is나 There are 뒤에 쓸 수 있는 말을 바르게 연결하세요.

1 There is •

   • a hope

   • b two pictures

   • c some milk

2 There are •

   • d a hospital

   • e some potatoes

   • f many buildings

C ( ) 안에서 알맞은 말을 고르세요.

1　There (isn't / aren't) a cat on the sofa.

2　(Is / Are) there many parks in this city?

3　There are (a bear / five bears) in the zoo.

4　(That / There) are two glasses of water.

5　There's (a duck / three ducks) at the farm.

6　Are there (salt / apples) in the bowl?

7　There (is / are) some salt in the bottle.

8　There (isn't / aren't) any candies in this bag.

9　A: Is there ice cream?　B: Yes, (that / there) is.

10　(Is / Are) there some bread in your backpack?

11　There (are not / not are) cookies on the plate.

12　A: Are there two boys?　B: No, there (are / aren't).

13　(Is there / Are there) new books in the library?

14　There's not (a museum / museums) in my town.

15　A: Are there seven days in a week?　B: Yes, there (is / are).

Vocabulary

C
park 공원
city 도시
bear 곰
glass 유리잔
duck 오리
farm 농장
salt 소금
bottle 병
backpack 배낭
plate 접시
museum 박물관
day 날

D 빈칸에 알맞은 be동사를 쓴 뒤, ( ) 안의 지시대로 바꿔 쓰세요.

1 There _____ a theater near here.

　(부정문) → _____

2 There _____ seven colors in a rainbow.

　(의문문) → _____

3 There _____ two chairs in the classroom.

　(의문문) → _____

4 There _____ a beautiful lake in the park.

　(부정문) → _____

5 There _____ two lemon trees in the garden.

　(부정문) → _____

6 There _____ a large window in the room.

　(의문문) → _____

7 There _____ some butter in the refrigerator.

　(의문문) → _____

8 There _____ many motorcycles on the street.

　(부정문) → _____

Vocabulary

ⓓ
theater 극장
near 가까운
here 여기
color 색깔
rainbow 무지개
classroom 교실
lake 호수
garden 뜰, 정원
large 큰
refrigerator 냉장고
motorcycle 오토바이

 질문에 대한 대답으로 알맞은 말을 쓰세요.

Vocabulary

E
bathroom 화장실
alarm clock 자명종

1   A: Are there some oranges?

B: Yes, _____ _____ .

2   A: Are there two bathrooms in her house?

B: No, _____ _____ .

3   A: Is there an alarm clock?

B: Yes, _____ _____ .

4   A: Is there a computer in your room?

B: No, _____ _____ .

 다음 우리말과 같은 뜻이 되도록 ( ) 안의 말을 바르게 배열하세요.

F
news 뉴스, 소식
pretty 예쁜

1   좋은 소식이 있니? (news / is / good / there)

→ _____

2   약간의 치즈가 있다. (is / some / there / cheese)

→ _____

3   계란이 없다. (are / not / there / any eggs)

→ _____

4   예쁜 소녀들이 있니? (girls / there / are / pretty)

→ _____

★ 정답 ★

UNIT 01 명사   PP.2-5

A news, health, cheese, air, science, office, sand, potato, Europe

B 1 movie   2 Sam, Seoul   3 voice
   4 chair   5 apples   6 father, doctor
   7 teacher

C 1 재미, 셀 수 없는 명사
   2 행운, 셀 수 없는 명사
   3 다리, 셀 수 있는 명사
   4 배우, 셀 수 있는 명사
   5 고기, 셀 수 없는 명사
   6 동물, 셀 수 있는 명사
   7 중국, 셀 수 없는 명사
   8 도서관, 셀 수 있는 명사
   9 빵, 셀 수 없는 명사
   10 스페인, 셀 수 없는 명사
   11 꽃, 셀 수 있는 명사
   12 평화, 셀 수 없는 명사
   13 종이, 셀 수 없는 명사
   14 숟가락, 셀 수 있는 명사
   15 불, 셀 수 없는 명사
   16 창문, 셀 수 있는 명사

D 1 Tiffany, Jake
   2 math, science
   3 Mexico, Italy, Hawaii, New York
   4 butter, rain, milk, cake
   5 love, hope, time, happiness

E 1 X   2 X   3 O   4 O   5 X   6 O   7 O

F London, Alice, Korea, Daniel, French, Japan

UNIT 02 명사의 복수형   PP.6-9

A 1 b   2 e   3 c   4 a   5 f   6 d

B 1 boxes   2 wolves   3 movies
   4 sheep   5 women   6 churches
   7 windows   8 countries

C 1 cup   2 loaf   3 glass   4 spoonful
   5 pair

D 1 bowls   2 pairs   3 cups
   4 slices   5 spoonfuls

E 1 feet   2 classes   3 ladies   4 knives
   5 beaches   6 apples   7 radios
   8 deer   9 actors   10 bodies
   11 children   12 days

F 1 cups, of, milk
   2 pieces, of, cake
   3 spoonfuls, of, sugar
   4 pairs, of, pants

G 1 babies   2 boxes   3 men   4 toys
   5 strawberries   6 wolves
   7 teeth   8 fish   9 mice   10 dishes
   11 loaves, bread   12 glasses, water
   13 pairs, socks

UNIT 03 관사   PP.10-13

A 1 ①   2 ②   3 ③   4 ③   5 ②   6 ②

B 1 an   2 X   3 X   4 an   5 X   6 a   7 a
   8 a   9 X   10 X   11 an   12 an

C 1 an   2 The   3 The   4 a   5 a
   6 the   7 The

D 1 moon, earth, sky, sun
   2 lunch, math, dinner, Korean

E 1 X   2 X   3 the   4 X   5 X   6 the
   7 The   8 X   9 a   10 X   11 X
   12 the   13 X   14 a   15 the

F 1 an　2 The　3 a　4 the　5 the
6 an　7 a　8 a　9 a, The

UNIT 04 인칭대명사　　pp.14-17

A 1 We, 주격　2 your, 소유격
3 mine, 소유대명사　4 us, 목적격
5 his, 소유대명사　6 my, 소유격

B 1 she　2 it　3 they　4 they　5 we
6 they

C 1 g　2 c　3 f　4 a　5 e　6 d　7 b

D 1 They　2 his　3 her　4 Your
5 She　6 yours　7 my　8 us

E 1 He　2 it　3 us　4 It　5 them
6 them　7 her

F 1 She　2 Its　3 Her　4 Their　5 it

G 1 him　2 mine　3 Our　4 hers
5 me　6 Her　7 his　8 us　9 Your
10 ours　11 them　12 its　13 yours
14 theirs　15 her

UNIT 05 be동사 1　　pp.18-21

A 1 are　2 is　3 is　4 are
5 is　6 are　7 is

B 1 are　2 is　3 is　4 are
5 is　6 is　7 are

C 1 am　2 are　3 are　4 are　5 is
6 is　7 is

D 1 It's　2 I'm　3 They're　4 She's
5 You're　6 We're

E 1 are　2 is　3 are　4 am　5 are
6 are　7 is　8 is

F 1 are　2 O　3 is　4 O　5 is
6 I'm[I am]　7 She's[She is]
8 are　9 O　10 are　11 is　12 is
13 are　14 O

UNIT 06 be동사 2: 부정문과 의문문　　pp.22-25

A 1 ②　2 ①　3 ②　4 ①　5 ③　6 ②　7 ③

B 1 aren't　2 aren't　3 isn't
4 isn't　5 isn't　6 aren't

C 1 I'm not　2 is not　3 She's not
4 Are　5 Are they　6 you are
7 isn't　8 is not
9 Is　10 Is the ballerina
11 is not　12 he isn't
13 it is　14 they are

D 1 Is, Terry　2 Are, bananas
3 Are, you　4 Are, they

E 1 she, is　2 they, aren't
3 it, is　4 it, isn't　5 I'm, not

F 1 Gold is not cheap.
2 He is not a writer.
3 Is it a comic book?
4 Are they your shoes?
5 Are Ben and Jake firefighters?
6 Is Brenda your neighbor?
7 We aren't famous singers.
8 Is Jeremy your brother?
9 They aren't my friends.

UNIT 07 일반동사 1　　pp.26-29

A 1 like, like　2 teaches, teach
3 flies, fly　4 wears, wear
5 visit, visit　6 goes, go

B 1 has 2 mixes 3 hates 4 finishes
5 says 6 does 7 studies 8 knows

C 1 Philip 2 have 3 You 4 grows
5 She 6 Sarah 7 drink

D 1 enjoy, enjoys 2 bake, bakes
3 loves, love 4 feeds, feed

E 1 like 2 brushes 3 play 4 looks
5 has 6 need 7 feel 8 goes
9 meet 10 speak 11 reads
12 cleans 13 does
14 mixes 15 passes

F 1 agrees with your idea
2 drink a lot of water
3 go swimming everyday
4 buys sandwiches at this shop

G 1 studies 2 fix 3 cooks 4 arrives

UNIT 08 일반동사 2: 부정문과 의문문 PP.30-33

A 1 does not 2 Does 3 does not
4 do not 5 Does 6 do not
7 Does 8 Do 9 Does 10 Do

B 1 doesn't 2 don't 3 don't 4 doesn't

C 1 d 2 f 3 e 4 a 5 b 6 c

D 1 sell 2 have 3 do not like
4 does not 5 doesn't write
6 don't

E 1 doesn't, go 2 Does, have
3 Do, learn 4 don't, know

F 1 Does Tom like chocolate ice cream?
2 The baker doesn't mix milk and eggs.
3 Do children ask a lot of questions?

4 Does Mr. Robinson work on Sundays?
5 Todd and I don't enjoy action movies.
6 Her father doesn't do the laundry.
7 Does his house have a beautiful garden?

UNIT 09 지시대명사 PP.34-37

A 1 This, 이것 2 those, 저것들
3 These, 이것들 4 That, 저 사람

B 1 This 2 These 3 That 4 These
5 that 6 isn't 7 Is this 8 aren't

C 1 Is this an alarm clock?
2 This is not[isn't] my ticket.
3 Are these dolphins?
4 That is not[isn't] Mr. Hayes.
5 Those are not[aren't] school buses.

D 1 it, is 2 they, aren't 3 it, isn't
4 they, are 5 it, is

E 1 Is, that 2 This, is 3 Are, these
4 That, isn't 5 These, are
6 This, isn't 7 Those, are
8 This, is 9 Those, aren't
10 These, aren't 11 Is, this
12 Are, those 13 That, isn't
14 These, are

F 1 This is an onion.
2 Those are mice.
3 Is this a wolf?
4 Those are not dishes.
5 This is my uncle.
6 That is Mr. Brown.
7 Are these socks?
8 That is not a ship.
9 This is not her necklace.

A 1 b   2 a   3 b   4 a   5 b

B 1 a, c, d   2 b, e, f

C 1 isn't   2 Are   3 five bears
4 There   5 a duck
6 apples   7 is   8 aren't
9 there   10 Is   11 are not
12 aren't   13 Are there
14 a museum   15 are

D 1 is, There is not[isn't] a theater near here.
2 are, Are there seven colors in a rainbow?
3 are, Are there two chairs in the classroom?
4 is, There is not[isn't] a beautiful lake in the park.
5 are, There are not[aren't] two lemon trees in the garden.
6 is, Is there a large window in the room?
7 is, Is there some butter in the refrigerator?
8 are, There are not[aren't] many motorcycles on the street.

E 1 there, are   2 there, aren't
3 there, is   4 there, isn't

F 1 Is there good news?
2 There is some cheese.
3 There are not any eggs.
4 Are there pretty girls?